KB073305

우리는 비 온 뒤를 걷는다

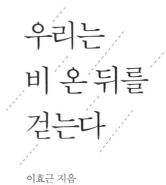

우리는
비 온 뒤를
걷는다

이효근 지음

눅눅한 마음을 대하는
정신과 의사의 시선

알에이치코리아

사람으로
세상을 보는 일

저는 정신건강의학과 의사입니다. 예전엔 정신과, 더 예전엔 신경정신과라 불리던 곳이지요. 레지던트와 군 복무 시절을 포함하면 약 20년째 이 분야에서 일을 하고 있습니다. 일단 이 책에서는 제일 잘 알려진 이름인 정신과라는 용어를 쓰겠습니다.

'정신과'라 하면 어떤 모습을 먼저 떠올리시나요? 의자에 누워 어린 시절 이야기를 하는 환자와 그 머리맡에서 이야기를 듣고 있는 은발의 의사를 떠올리는 분도 있을 것입니다. 쇠창살이 달린 음침한 병동 속 어딘가 기괴해 보이는 환자와 냉정한 얼굴의 의사를 떠올리는 분도 있겠죠. 우울증은 더 이상 낯설거나 심각한 질환이 아니며, '마음의 감기'라는 별명처럼 약물과 상담으로 극복하면 된다는 이야기를 떠올리는 분도 계시 겠죠. 안타깝지만 최근 자주 보도되고 있는 정신과 환자 관련 범죄를 떠올리는 분도 있을 것 같습니다. 사실 그 모든 일이 정 신과의 모습이 맞습니다. 다소간의 과장까지를 포함해서요.

정신과에선 긴 시간에 걸쳐 정신 분석 치료를 하기도 하고, 살면서 만나는 문제들 때문에 생기는 불면증이나 우울증 같은 질환에 대해 약물과 상담을 병행한 치료를 하기도 합니다. 아 동기의 여러 발달상의 문제에 관한 상담도 하고, 세월호 사건 같은 심대한 사회적 재난으로 인한 트라우마를 다루는 것도 정신과의 몫입니다. 공황장애, 조울증, 적응장애 같은 정신과 질환의 이름은 이제 매스컴을 타고 널리 알려지기도 했지요.

저는 그중에서도 만성화된 정신질환, 특히 조현병으로 고통 받는 분들을 치료하는 일을 합니다. 조현병은 예전엔 '정신분 열병'이라고 불렸지요. 외래 치료와 상담도 하지만, 입원 환자 에 대한 약물 치료가 제 주된 업무입니다. 가끔 "정신과가 예전 엔 사람 가둬 놓는 정신병원 느낌이었는데, 요새는 안 그렇죠? 상담 치료하는 곳이잖아요?"라고 말하는 분을 봅니다. 맞습니 다. 정신과가 담당하는 영역은 최근 많이 넓어지고 달라졌습 니다. 하지만 여전히 조절되지 않는 환청과 망상 등으로 불가 피하게 입원 치료가 필요한 분들이 있고, 저는 그분들을 주로 맡아 치료합니다.

물론 21세기 대한민국의 정신과 입원 병동은 공포 영화에 나오는 음산한 모습과는 거리가 멉니다. 정신질환을 앓고 있는 환자들의 모습은, 우리가 상상하는 풍경과는 굉장히 다릅니다. 그건 그저 편견일 따름이지요. 대부분의 정신과 질환은 조기 발견과 적절한 치료로 호전이 가능합니다. 조현병의 경우도 대부분 약물 치료로 증상이 잘 조절되며, 환자들도 일상적인 사회생활을 하며 지낼 수 있습니다. 환자들 중 드물게 만성화되어 장기 입원 치료를 요하는 분들도 있지만, 설사 만성 환자라 하더라도 영화나 드라마에 나오는 기이한 모습을 보이는 경우는 매우 드뭅니다.

조현병은 만성 질환이라는 점에서 당뇨나 고혈압과 비슷합니다. 잘 관리되면 안전하지만, 어쨌거나 오랜 시간 의사와 환자가 협력해 관리하고 조절해야 합니다. 그렇기 때문에 한 번 환자와 맺은 인연이 오래 갈 수밖에 없죠. 일상에서도 한 사람을 오래 알게 되면, 아무리 일로 만난 사이라 하더라도 업무 이상의 것이 보이기 마련이지요. 자기 속마음을 이야기하는 정신과에선 더더욱 그런 일이 잦습니다. 도심지의 개인 의원이든 변두리의 정신병원이든, 정신과에선 환자의 이야기를 듣고 환자들을 돕습니다. 정신과 의사의 눈과 귀는 진단 도구이자 치료 도구가 됩니다.

정신과에서 의사와 환자의 관계는 일방적이지 않습니다. 정신과 의사는 환자의 이야기를 통해 세상을 배우기도 합니다.

저는 사회 경험의 폭이 좁은 백면서생이지만, 환자들의 눈과 귀를 통해 세상의 이모저모를 보기도 하고, 배우기도 합니다. 그러다 보니 환자의 이야기를 듣는다는 것, 그 이야기를 통해서 세상을 본다는 것, 그리고 그 환자들과 함께 세상을 본다는 것에 대해 자주, 또 많이 생각하게 되었습니다.

조현병 환자를 치료하는 것은 그의 이야기를 들으며 환청과 망상을 약물로 조절하는 일만 의미하지 않습니다. 때로는 환자가 말소된 주민등록을 새로 만들 수 있도록, 생활고로 어려운 환자가 의료급여를 받을 수 있도록, 환자가 장애인 등록을 할 수 있도록 주선하기도 합니다.

증상이 호전된 환자가 퇴원해 살아갈 복지 시설이 주민들의 반대로 건립되지 못하는 광경을 보기도 합니다. 취업이 된 환자가 자신의 병력이 알려져 직장 내에서 왕따를 당하는 모습을 보기도 합니다. 그럴 땐 가끔 사회의 부조리한 편견과 정부의 무신경함에 비분강개합니다. 그러다 보니 제 일은 어떨 땐 공무원 같기도 하고, 어떤 때는 사회복지사 같기도 합니다.

떠오르는 많은 생각을 여기저기 적기 시작했습니다. 그러다 보니 책 한 권 분량이 되었고, 출간 제의를 받는 일까지 생겼습니다. 제안을 받고 생각해 보았습니다. 내 글이 책이 되어야 할 이유가 뭐지? 제 글에는 특별한 건강 상식이나 질병 정보가 들어 있지 않습니다. 저는 학자가 아니기 때문입니다. 심리학적

지식을 바탕으로 한 자기 관리 메뉴얼도 들어 있지 않습니다. 저는 선생도 아니기 때문입니다. 사실 출간 제의를 받고 나서 그런 책을 써볼까 생각도, 시도도 해봤는데 중간에 그만뒀습니다. 잘 못하겠더라고요.

제가 잘할 수 있는 이야기를 써보기로 했습니다. 여러분과 같은 시대를 사는 한 직장인이 조금은 특이한 자기 분야에서 일하면서 만난 사람들과 그것을 통해 배운 것들, 같이 사는 세상에 대한 안타까움 같은 것이 모인 신변잡기가 이 책 내용의 전부입니다. 아쉬운 마음이, 안타까운 마음이 담긴 이 글들이 책이 될 수 있나 싶었지만 이런 내용의 책 하나쯤은 있어도 괜찮지 않을까 싶어서 용기를 냈습니다. 언제나 제 글의 첫 독자가 되어주는 아내, 글을 읽고 쓰는 것을 좋아하는 사람으로 키워주신 부모님, 나와 많이 닮아 때론 거울이 되어주는 중학생 아들, 저와 삶을 부대끼며 살아가는 이웃, 동료, 환자들 덕분에 이 이야기들을 쓸 수 있었습니다. 자, 그럼 제 이야기를 시작해 보겠습니다.

목차

3장 구김진 날들을 다리며

1장

나는 그저 가만히 듣습니다

그래도 먼저
손 내밀어 주길

지은 씨의 어머니는 만성 환자였다. 놀랍게도 우리 병원 입원 기간만 20년. 중간에 몇 번의 입퇴원이 있긴 했지만, 증상이 호전되어서는 아니었다. 병원 직원 중 아주 신참을 빼곤 그녀를 모르는 사람이 별로 없다. 병원에서 보낸 시간이 길기도 했지만, 그이의 증상이 워낙 심하기 때문이기도 했다.

직업이 정신과 의사라고 이야기하면, 사람들의 반응은 얼추 비슷하다. "우리나라도 이젠 다른 선진국처럼 정신과 진료를 부담없이 받는 분위기죠?"라거나, "요새 정신과에선 약물 치료 말고 상담 치료도 많이 하잖아요"라거나, "정신과가 예전에는 미친 사람 보는 과였는데, 요새는 많이 달라졌다고 들었어요"라거나. 뭐 대충 그런 반응들이다.

사실 일부는 맞는 말이기도 하다. 정신과나 정신질환에 대한 사회적 인식은 근래 들어 부쩍 호전되었다. 주위에서도 우울증이 좀 있어서 약을 먹었다거나 정신과 진료를 받은 적 있다고 이야기하는 사람을 어렵지 않게 볼 수 있다. TV를 틀어보면 우울증이나 강박증, 공황장애로 고통받았으나 적절한 치료와 노력으로 이제는 병을 극복하고 다시 열심히 살고 있다는 연예인들의 고백도 자주 듣는다. TV와 라디오에선 '우울증은 누구나 걸릴 수 있는 마음의 감기일 뿐'이라는 공익 광고까지 나온다. 심지어 얼마 전엔 과의 이름도 공식적으로 '정신건강의학과'로 바뀌었다.

나는 정신과 의사다. 올해로 전문의가 된 지는 16년이고, 레지던트 시절을 포함하면 정신과 밥을 20년 동안 먹었다. 나는 대도시 주변의 정신병원에서 근무하는데, 많은 사람이 '정신과에서 예전에나 보던 병'이라 말하는 만성 조현병 환자를 주로 돌보며 산다. 사실, 여전히 많은 정신과 의사는 우울증이나 불면증 환자 못지않게 조현병 같은 만성 질환을 진료한다. 교과서적으로 조현병의 유병율은 전인구의 1퍼센트다. 기계적으로 대입해 보면 우리나라엔 50만 명의 조현병 환자가 있는 셈이다.

1퍼센트라면 적지 않은 수치다. 물론 '조현병 스펙트럼'의 증상을 가진 그 많은 환자가 모두 입원 치료를, 그것도 장기 입원 치료를 요하지는 않는다. 대부분은 외래로 약물 치료를 하며 사회생활이 가능할 정도로 회복이 된다. 하지만 어느 질병이나, 어느 분야나, 운이 좋지 못한 사람들이 있기 마련이다. 조현병 환자의 일부는, 조기 발병하고 이곳저곳에서 치료를 받고 호전과 악화를 반복하다가 결국 만성 장기 환자가 되고 만다. 지은 씨의 어머니가, 바로 운이 좋지 않은 경우였다.

지은 씨의 어머니는 결혼 후 지은 씨 하나를 낳고 병이 생겼다. 혼인 신고도 하지 않고 살던 남편은 자연스레 그녀를 떠났다. 당시 분위기를 생각하면 꽤 빨리 병원을 찾아 치료를 받은 편이었지만 불행하게도 별다른 효과는 보지 못했다. 시절을 생각하면 으레 그렇듯, 그녀의 친정 식구들은 영 차도가 없는 병원 치료를 이내 불신했다. 가족들은 그녀를 여기저기 데리고 다니며 굿당과 기도원을 찾았다.

수년의 세월이 지났고 그녀의 병증은 더 심해졌다. 결국 다시 병원을 찾았고, 장기 입원과 간헐적인 퇴원 그리고 증상 악화로 인한 재입원이 반복되었다. 신약과 새로운 치료법은 계속 개발되었지만, 그 혜택은 안타깝게도 그녀를 비켜갔다. 연락이 끊긴 아빠, 정신병원에 입원해 기약 없는 투병을 이어가는 엄마로 인해 지은 씨는 외할머니 손에서 자랐다.

조현병의 증상은 크게 '양성증상'과 '음성증상'으로 나뉜다. 널리 알려진 환청이나 망상 같은 것이 양성증상이고, 사고 빈곤이나 의욕 상실 사회적 철퇴나 무감동증 같은 것이 음성증상이다. '정동 둔마^{情動 鈍痲}' 또한 대표적인 조현병의 음성증상이다. 외부의 자극이나 변화에 별다른 정서적인 반응을 나타내지 않고 멍한 모습을 보이는 것이다. 치료법이 발달한 지금에야 그런 상황은 별로 없지만, 정신병원을 묘사하는 진부한 스테레오타입 중에서 혼잣말을 중얼거리고 히죽히죽 웃는 사람은 양성증상, 초점 잃은 눈으로 멍하니 복도를 배회하는 사람은 음성증상을 표현한다고 할 수 있다.

조현병은 만성화 단계에 이르면 양성증상 외에 음성증상까지 두드러지게 된다. 지은 씨의 어머니도 그랬다. 초기에는 자신을 죽이려고 모의하는 환청과 그와 연관된 피해망상에 내내 힘들어했던 그녀는 내가 주치의가 된 즈음에는 그 모든 소리와 생각마저 잊은 듯 고요했다. 그녀는 거의 병동의 정물화가 되어 있었다.

정동 둔마의 진행을 최대한 늦춰야 하는 입장에서는 처방하는 약도 중요하지만, 면담을 통해 증상의 정도를 체크하는 동시에 아직 환자에게 남아 있는 정서와 정동을 자극하고 살려

내는 일 또한 중요하다. 간단히 예를 들어, 큰 명절이 있고 난 다음의 면담을 생각해 보자. 정신과 의사는 환자에게 '명절 때 누가 면회 왔었어요? (왔었다면) 만나니까 마음이 어땠어요? (오지 않았다면) 서운하지 않았어요?'라고 무심한 척 묻곤 한다.

물론 이에 대한 반응은 병의 증세와 개인의 성품에 따라 천차만별이다. 예로 들었던 질문에 대한 '모범 답안'은 어떤 것일까. "안 왔어요. 마음은 서운했죠. 하지만 가족들도 자기 생활이 있으니 어쩌겠어요?" 정도가 아닐까. 명절 같은 가족 상봉의 시기에 적절한 기대를 하고 있는지, 그 기대가 좌절되었을 때 실망감을 느낄 수 있는지, 그리고 그 감정을 언어로 표현할 수 있는지, 마지막으로 어쩔 수 없는 상황에 대한 현실적인 판단을 내리고 있는지를, 의사는 환자의 그 간단한 몇 마디를 통해 체크한다.

하지만 이것은 그야말로 모범 답안일 뿐, 대부분의 환자들은 그보다 더 불완전한 대답을 한다. 설사 환자가 서운하지 않다고 답했다 해도, 그것은 환자의 여유로운 마음을 보여주기보다는 음성증상이 많이 진행되어 그에게 남아 있는 정동의 분량이 매우 적음을 증명하는 것일 확률이 높다. 아니면 그 반대로, 가족의 외면으로 인한 좌절감에 기인한 분노가 너무 커서 수동 공격적인 태도를 보인 경우일 수도 있다.

자신을 찾아오지 않은 가족의 상황을 이해하지 못하고 화를 내는 환자의 속내는 어떻게 파악하면 좋을까. 주변 사람이나

가족의 형편에 대한 현실적인 판단을 내리는 데 환자가 어려움을 겪고 있음을 눈치챌 수도 있겠다. 화를 내는 사람이 차라리 더 건강한 환자일 때도 있다. 때론 슬프게도, 명절의 존재와 의미를 잊어버린 사람도 있으니까. 더 슬프게는 가족의 존재 자체를 잊어버린 사람도.

"좋아하는 음악을 할 수 있어서 행복해하는 수많은 사람이 있는데 저는 음악이 일이 되어버린 게 끝내 받아들여지지 않았어요. 그래서 항상 벗어나고 싶어 했기에, 음악을 할 때면 늘 나 자신과 팬들에게 죄를 짓는 기분이었습니다. 더 이상은 그런 기분으로 무대에 서고 싶지 않음을, 이렇게밖에 맺음을 할 수 없는 제 사정을 이해해 주면 좋겠습니다."

2017년 8월, 공식 홈페이지를 통해 돌연 은퇴를 선언한 밴드 언니네 이발관의 리더 이석원. 그의 노래 '가장 보통의 존재'의 노랫말은 그야말로 주옥같아서 어느 한 구절 마음에 와서 꽂히지 않는 부분이 없지만, 누군가가 나에게 그래도 한 구절만 꼽아보라고 요청한다면 나는 이 구절을 고를 것이다.

무슨 서운하긴, 다 길 따라가기 마련이지만

그래도 먼저 손 내밀어 주길 나는 바랬지

    치매나 조현병 같은 만성질환을 앓는다는 것 그리고 그런 환자의 가족이 된다는 것은 끝날 기약이 없는 장기전에 동원된 병사의 삶과 닮았다. 시간이 흐르고 그들 중 더러는 잡고 있던 손을 놓아버리기도 한다. 하지만 또 많은 가족과 환자는 서운하더라도, 다들 제 갈 길 따라가기 마련이라며 그 시간들을 버텨낸다. 그래도 누군가가 먼저 손 내밀어 주길 내심 바라며.

    앞서 이야기했던 그 20년 단골 환자와 외동딸 생각을 할 때면 이런 생각은 더 깊어진다. 외할머니의 손을 잡고, 엄마의 입원 수속이 끝나길 기다리다가 병원 로비에서 잠들었던 초등학생 꼬마. 그 꼬마가 대학을 마치고, 취직을 하고, 막 신혼살림을 차릴 무렵에 나는 그를 처음 만났다. 이후의 10년 동안 그는 두 아이 엄마가 되었고, 차차 중년이 되어갔으며, 그 사이 돌아가신 외할머니를 대신해 이제는 그가 엄마의 유일한 보호자가 되었다.

    사실 그런 일은 만성 환자를 돌보는 정신병원에선 드문 일이 아니다. 이제는 어른이 되고, 결혼을 해서 자기 가정을 꾸리게 된 '아이였던 그 여자'의 기억 속엔 우리가 쉽게 상상하는 엄마의 모습은 없을 것이다. 긴 모정의 부재 속에서 그는 스스로 자라 스스로 어른이 되었다. 지금은 자신에게 남겨진 의무인 엄마를 돌보며, 늙어버린 엄마를 따라 자신도 늙어간다. 그 모습들을 보면서, 나를 필요로 하는 그들의 손을 잡아주는 것이 내가 할 수 있는 일이다. '먼저 손 내밀어 주는' 일이 무엇인지, 나는 감히 알지 못한다. 그들의 삶의 무게를 그저 느끼고 있을 뿐이다. 그것이, 정신병원에 근무하는 정신과 의사가 하는 일이다.

중국집 전단지의
속사정

의사가 되는 일반적인 과정은 이렇다. 먼저 예과 2년과 본과 4년을 합친 의과대학 6년, 아니면 일반대학 4년 졸업 후 의학전문대학원 4년. 이걸 마치면 의사국가고시를 보고 의사 면허를 딴다. 이후에 1년간 여러 임상과를 돌면서 인턴을 하고, 3년에서 4년간 특정 전공을 정해 레지던트 수련을 마친다. 그다음엔 그 과의 전문의 시험을 봐서 전문의 자격을 얻는다.

이 중에서 자신의 전공과를 정한 첫해인 레지던트 1년 차 시절은 흔히 '의사 생활의 꽃'이라고도 불린다. 레지던트 생활이란 것은 이래저래 고달픈 일이 많은 법이고 정신과의 경우도 예외는 아니기 때문에 이 한 해 동안 많은 힘듦과 보람을 겪는다. 그렇기에 시간이 지나고 난 뒤에도 오래도록 그 시절이 기억에 남아 그렇게들 부르는 모양이다. 나도 마찬가지다. 그해 일어났던, 잊지 못할 이야기 한 토막을 소개한다.

꽃

당시 우리 병원의 정신과 1년 차는 총 여섯 명으로, 두 부속병원에 각각 세 명씩 배치되었다. 두 명의 동기와 더불어, 도대체 뭐가 뭔지 몰라 좌충우돌하던 그때의 일이다.

예나 지금이나 레지던트의 일이란 무척 고되다. 우리 과도 예외가 아니었다. 2, 3년 차가 하는 것을 어깨너머로 보고 배우는 것이 공부의 시작인데, 어디나 그렇듯 전문 인력이 부족했고 부족한 일손은 사람을 갈아넣어 메꿨다.

그 봄에, 우리 병원의 레지던트 2년 차 선배 셋 중 둘은 각각 안산과 부산에 파견되어 부재했고, 하나 남은 선배는 아직 사람 구실 못하는 우리 셋 일을 대신 하느라 정신없었다. 3년 차 선배들 역시 신경과와 부산의 자매병원에 파견되어 없었고, 하나 남은 선배는 외래와 다른 과 자문 진료로 바빴기에 역시 우리를 봐줄 정신이 없었다.

4년 차는 둘이었는데, 한 명은 과의 실무를 담당하는 수석 레지던트(액팅 치프)로 과의 행정 업무와 레지던트 업무 총괄, 교수님들 연구 돕기에 또한 정신이 없었다. 남은 한 명의 4년 차 레지던트는 지난 학기에 액팅 치프가 끝나 '카운터 치프'라는 이름을 달고 상대적으로 일정에 여유가 있던 사람이었는데, 그가 우리 셋의 '양육'에 팔을 걷고 나섰다.

하루는 그가 우리 1년 차 셋을 불렀다. 하늘 같은 선배 앞에 우물쭈물 앉은 셋의 긴장감은 짐작이 가능할 것이다. 말년 병장 앞에 불려온 신병에 비유하면 그 긴장감이 전해질까. 그 주눅 든 초짜들에게 그가 무심한 듯 건넨 것은, 종이 세 장이었다.

쭈뼛거리며 이건 뭔가 하고 들여다보니, 그것은 병원 근처 중국집 세 곳의 광고 전단지였다. 지금이야 보호자도 병실에 출입하는 숫자를 제한하지만, 그 당시에는 병실까지 짜장면이 배달되던 때였다.

"다음 주 이 시간까지 각자 전단지를 연구해서, 세 중국집 주인의 각기 다른 심리를 파악해 봐. 이게 내가 너희에게 주는 첫 번째 숙제야."

응? 프로이트의 논문도 아니고, 융의 저서도 아니고, 중국집 전단지? 이 찌라시를 보고 도대체 뭘 연구하라는 거지? 짜장과 짬뽕의 가격? 세트 메뉴의 구성? 가게의 남다른 상호 작명 센스? 공짜 탕수육을 받기 위해 모아야 하는 스티커 수? 그는 우리에게 뭘 가르쳐 주고 싶었던 것일까. 이것은 혹시 청운의 꿈을 품고 소림사에 들어가면 권법보다 먼저 배운다는 물 긷

기와 밥 짓기 같은 것인가.

　정신과 1년 차 생활의 꽃은 증례 토론회case conference다. 어리바리한 꼴을 겨우 벗고, 환자를 배정받기 시작한 뒤 두어 달 정도 지났을 때 찾아온다. 자신이 담당한 환자 가운데 한 사람을 골라 그의 병력, 과거, 검사 결과, 상담 내용, 치료 과정을 모두 정리해 해당 과 내의 모든 교수, 임상 강사, 간호사, 임상심리사, 레지던트, 인턴, 실습 나온 의대와 간호대 학생들까지 모두 모인 앞에서 내가 맡은 환자는 이런 사람이고, 이런 이유로 이 병에 걸렸으며, 이렇게 치료했다는 것을 발표하는 자리다. (그리고 무지막지하게 박살이 난다.)

　그리고 그 꽃 중의 꽃은 '정신역동적 가설psychodynamic formulation'이라는 것이다. 자신이 면담을 통해 파악한 그 사람의 과거와 현재 상태, 그 정신역동을, 정신분석의 이론을 원용해 설명하는 것이다. 이를테면 환자의 거식증이 유아기 주 양육자의 부재와 어떻게 관련되어 있는지, 에릭슨Erikson에 의하면 이러하고 설리번Sullivan에 의하면 이러하기 때문에 그의 행동 치료는 벡Beck의 이론에 의해 이러해야 한다 등을 운운하는(그리고 그게 말이 되냐며 무지막지하게 박살나는) 것이다.

　사실 무지막지하게 박살이 나는 것은 당연한 일이다. 입문한 지 몇 달 되지도 않은 신참이 환자를 잘 보면 얼마나 잘 보 겠으며, 이론을 알면 얼마나 알겠는가. 증례 토론회는 그리고 정신역동적 가설은 깨지고 활활 타려고 준비하는 것이 맞다. 그 깨짐과 태움 속에서 배우고, 더 공부할 필요성을 느끼는 것 이다. 그래서 1년 차의 첫 증례 토론회에는 과의 모든 사람이 참여하는 것이기도 하다. 그의 이 바닥 데뷔를 축하하는 자리 이기도 하니까.

다른 각도에서 보면, 1년 차의 첫 증례 토론회는 그를 지도 한 선배를 평가하는 자리이기도 하다. 신출내기를 데려다가 얼마나 '사람 꼴'을 만들었는지를 평가받는 것인데, 그래서 선 배들도 1년 차를 이래저래 단련시킨다. 중국집 전단지를 들이 밀며, 그 사장이 어떤 사람인지 연구하라는 카운터 치프의 속 내도 그런 것이었다. 정신역동적 가설을 짜는 연습이지만, 굉 장히 독특한 (그만의) 방법으로 수행되는 수련의 일환이었다.

환자의 속내를 들여다볼 땐, 본인이 중요시하는 것만 살펴 봐서는 안 된다. 무심히 지나쳤던 그리고 본인은 대수롭지 않 게 여긴 과거의 한순간이 지금 그의 우울과 불안의 가장 중요 한 원인이 될 수 있다. 아니, 사실은 가장 중요한 원인이기 때 문에 그의 무의식이 그것을 무심히 지나치도록, 대수롭지 않 게 여기도록 만들었을 수 있다. 환자의 감정에 충분히 공감하 되, 환자가 주장하는 힘듦뿐 아니라 은근히 내비치는 작은 정 보에 무심하지 않은 것이 좋은 상담자의 기본 자질이다.

'중국집 전단지 연구'에 대한 일주일간의 숙고가 끝난 후, 모여 앉은 우리 셋에게 숙제의 출제자가 한 이야기도 비슷한 것이었다. 초심자들의 말도 안 되는 분석을 쭉 듣고 난 그가 말했다.

"잘했어. 사람의 모든 행동, 모든 표정, 모든 말투에는 다 의미가 있지. 나는 너희가 그런 것을 잘 찾아내는 사람이 되었으면 해. 이 숙제는 그 시작이야."

그는 범상한 사람은 아니었다. 정신과 의사 중에는 칼 같은 모범생도 적지 않지만 기인이라 불릴 정도의 독특함을 과시하는 이도 적잖은데, 그가 그랬다. 환자들을 데리고 아프리카 음악을 들으며 음악 치료를 하고, 오래된 밴드의 구성원이기도 했으며, 그림도 잘 그려서 만화 전문지에 연재까지 했고, 꽁지머리를 하고 다녔다. 나중에 선배들이 '반성 치료'라 명명한 그의 치료법은 (영업상 비밀이므로 알려줄 수 없지만) 매우 독특한 것이었다.

(물론 그렇지 않은 사람이 더 많다고 생각하지만) 사실 세상에 기이한 정신과 의사는 많다. 불교와 명상에 빠진 이는 이루 헤아릴 수 없으며 (그 또한 나중에 '마음챙김mindfullness'이라는 상담법의 하나로 수용되었다) 기와 사주에 빠져 주화입마 走火入魔(미국인들은 이 또한 'qigong psychosis'라 이름 붙여 병의 하나로 포괄했

다)된 이들도 있다. 오래된 미국 통계지만 정신과 의사는 의사들 중에서도 3관왕을 차지하는 사람들이라고 한다. (해당 종목은 자살율, 이혼율, 마약중독율이다.)

하지만 그를 포함한 몇몇 '특이한 정신과 의사들'의 기이함이 빛나는 것은, 그 기이함이 사파의 영역에 깃들지 않고 철저한 정파 정신의학에 기초하고 있기 때문이다. 자신의 독특한 영역을 개발하되, 오랜 시간에 걸쳐 축적된 우리 문파의 정합성을 잃지 않는 태도. 언뜻 보면 농담처럼 들리지만, 기존의 분석법과 치료법에 기반을 둔 접근들. 어쩌면 의대에서 '정신과로 갈 사람'이 예견되는 것은 그런 사람들의 모습 때문이 아닐까.

꽁지 머리 선배는 나중에 꽤 유명한 방송인이 되었다. 대중매체가 흔히 그러듯, 방송에선 고리타분한 꼰대보다는 톡톡 튀는 기발함을 높이 산다. 방송을 오래 한 선배 정신과 의사들 중에는 그 기발함의 소재가 떨어져 감에 따라 '너무 나가버린' 사람들이 꽤 있다. 대중의 귀에는 솔깃하지만, 별다른 이론적 근거도 없이 자기주장만 하는 모습. 그때 꽁지 머리 선배의 가치가 빛난다. 그는 늘 유쾌하고 기발하지만, 그가 하는 말은 절대 정통 정신의학의 범주를 벗어나지 않는다.

그의 발언은 의학적 근거를 갖고 있다. 그냥 쭉 이야기하면 지루할 수 있는 그 '정답'들이 유쾌와 통쾌의 색을 덧입을 수 있는 이유는, 남들이 쉽게 지나치는 생활의 작은 면과 환자들의 사소한 부분을 놓치지 않는 그의 시선에 있다. 이 능력은 하루아침에 완성되는 것이 아니다. 20년 전 그가 우리에게 던졌던 중국집 전단지에, 그 모든 것의 싹이 숨겨져 있었다고 생각한다.

내 실력의 유무는 논외로 하고, 나름대로 나는 사파를 싫어하는 정파 정신과 의사로 자랐다. 정신과 의사로서의 지식과 자아상과 긍지를 모교 병원의 교수님과 모든 선배 들에게서 배웠다. 하지만 나에게 세상의 온갖 기괴한 잡동사니에서 진주 쪼가리를 찾아보려는 시선이 혹시 존재한다면, 그것은 그를 비롯한 '특이했던 선배들'에게서 배웠다고 봐야 한다. 사실, 이 책도 그가 권유해서 쓰기 시작했고 그가 소개해 준 출판사를 통해 나왔다. 그때 중국집 전단지를 손에 든 내가, 달달 떨면서 그에게 무슨 소리를 했는지는 이제 기억도 잘 나지 않지만.

둘째 작은아버지는
어떤 사람이야?

정신과 레지던트 1년 차가 넘어야 할 고비는 하나둘이 아니지만, 그 큰 고비 중 하나가 앞에서 말한 첫 증례 토론회 준비다. 다시 한번 강조하지만 이는 보통 긴장되는 일이 아니다. 게다가, 앞에서 말했듯 그를 '깨려고' 기세등등한 사람들 앞에서 하는 것이니 더더욱 어려울 수밖에.

정신과의 증례 토론회는 내과나 소아과 같은 다른 임상과의 것과 비슷하면서도 다르다. 가장 크게 다른 점은 증례 발표의 가장 중심에 환자와 주치의가 나눈 이야기가 자리한다는 점이다. 물론 정신과도 MRI나 PET 같은 영상 장비를 사용하거나, 신경심리검사 같은 객관적인 검사를 진행하기도 한다. 하지만 검사 수치나 엑스레이 소견 등이 환자 용태 판정에 큰 비중을 차지하는 다른 과에서와 달리, 정신과에서 환자의 상태를 파악하고 진단을 내리는 가장 큰 도구는 의사가 그 환자와 나눈 긴긴 대화다. 주치의가 환자와 나눈 대화를 통해 환자의 정신 역동을 들여다보고, 주치의가 환자에게서 알아낸 과거사와 병력에 대한 정보, 대화 중에 드러난 증상을 통해 환자에 대한 의사의 진단이 내려진다.

그런 의미에서 '다른 과와 달리 우리 과에서는 기계가 아닌 나 자신이 가장 중요한 진단 도구다'라는 말은 정신과 의사의 은근한 자부심이다. 그런 이유로 정신과의 증례 토론회는, 1년 차가 A4 용지 스무 장 정도에 요약해 온 환자의 긴긴 과거사와 병력을 듣는 것으로 시작된다.

1년 차였던 어느 날, 나 역시 첫 증례 토론회를 준비하며 밤을 새우고 있었다. 그 새벽에, 내 증례를 손봐주느라 같이 밤을 새며 당직실을 지켰던 2년 차 강 선배는, 내가 정신과에 입국하기 한참 전이던 어느 해 화제가 되었던 증례 토론회의 한 에피소드를 들려주었다.

⁂

당시 레지던트 1년 차였던 A선배는 교수와 선배들에게 혼나지 않기 위해, 아니 혼나는 건 당연지사니까 최대한 덜 혼나기 위해 야심차게 준비한 길고 긴 차트를 읽고 있었다고 한다.

이때 포인트는 최대한 낮은 톤으로 지루하게 읽는 것. 그래야 듣다가 다들 졸거나 잠이 들어서 질문을 던지지 않을 테니까.

A선배는 현재 환자가 드러내고 있는 병의 증상, 입원까지 이르게 되는 증세의 악화 과정, 병이 생기기 전 환자가 살아온 모든 내력, 환자의 삶에 중요한 영향을 미친 가족 구성원에 대한 보고까지 마쳤다. 이제 반환점을 돌았다. 언뜻 보니 발표를 들은 선배 레지던트와 교수 들의 표정도 과히 나쁘지 않은 것 같다.

이제 지금까지의 모든 정황을 종합하여 프로이트 이래 정신의학의 빛나는 별 같은 학자들의 모든 이론을 원용하면서, WHO와 국가에서 지정한 진단 체계에 근거하여 자신이 내린 환자의 진단을 발표할 차례다. 그다음 임상심리사가 심리 검사 결과를 발표하고, 간호사가 병동 간호 내용을 이야기하는 동안 잠시 쉬다가, 다시 단상에 올라가 이 환자의 향후 치료 계획을 발표하면 발표는 대강 마무리가 되는 것이었다.

그때 갑자기, 앞줄에 앉아 있던 노교수가 손을 들었다. 젠장. 이럴 수가. 계획에 없던 질문이다. 당황스럽다. 내 발표에 무슨 책잡힐 문제가 있었나? 하지만 짐짓 여유 있는 척하며 응하는 1년 차. 네, 교수님. 질문하십시오. 교수가 말한다. 1년 차 선생님 발표 잘했어. 그런데, 환자의 둘째 작은아버지는 어떤 사람이야?

둘째 작은아버지? 아니, 둘째 작은아버지? 4남 3녀인 환자

아버지의 형제 중에서, 젊어서 외지로 이사 간 탓에 그 환자와 가장 접촉이 적었던 그 둘째 작은아버지? 환자 아버지가 물려받을 할아버지의 재산을 가로챈 큰아버지 말고? 환자 어머니와 명절마다 주기적으로 싸워서 환자 부모의 불화에 큰 기여를 한 셋째 고모 말고? 왜 제가 환자의 둘째 작은아버지까지 알아야 하죠? 너무하신 거 아닌가요? 질문받은 그 선배는 울고 싶지 않았을까?

그 선배가 누구인지, 그가 노교수의 질문에 어떻게 대처했는지는 전해지지 않았다. 다만 이 에피소드는 그 후로 '증례 토론회에서는 상상도 할 수 없는 별별 질문이 다 나오기 때문에 준비에 준비를 거듭해도 부족함이 없다'는 교훈의 한 극단적인 예로 과에서 전해져 왔다. 물론, 그 노교수의 과한 질문에 대한 냉소적인 비판의 함의도 담고 있었고.

하지만 이 에피소드의 속사정은 그 질문을 던진 노교수가 나중에 직접 해명했다고 한다. 실질적인 교훈은 다소 과한 그 질문에 숨어 있었다.

'물론 환자에게 둘째 작은아버지의 의미는 별로 숭요하지 않아. 진단과 치료에 별다른 의미도 없지. 하지만 내 생각에, 그 의미 없는 사람에 대해서까지 알고 있다는 것은 의사가 그 환자와 얼마나 긴 시간 동안 이야기를 했는지를 나타내는 지표야. 나는 그 1년 차 레지던트가 환자랑 얼마나 많은 이야기를 했는지 궁금했어.'

좋은 의사는 최신 지견에 밝고, 명쾌한 진단적 판단을 내리고, 간호사, 임상심리사, 사회복지사 등 여러 사람이 하나의 팀으로 구성된 의료진을 리더십을 가지고 이끌며, 환자에게 병에 대해 알기 쉬운 말로 친절히 설명해 주는 사람이다. 요즘에는 의료보험 급여 기준에도 밝아 보험공단에서 진료비 삭감도 당하지 않아야 한다. 스타 유튜버가 되어 병원 홍보에 기여하면 금상첨화겠지. 하지만 다른 무엇보다 좋은 의사는 환자의 진료에 최선을 다하는 성실한 의사다. 다른 이유도 아닌 자기의 무심함으로 환자를 잃은 의사는, 백 가지 말로도 변명의 여지가 없다.

그 노교수는 내가 레지던트가 되었을 땐 이미 정년퇴직이 몇 년 남지 않은 소위 '뒷방 할아버지'가 되었기에, 직접 가르침을 받을 기회는 적었다. 하지만 몇 대를 걸쳐 내려왔을 그 증례 토론회에서의 질문은, 레지던트 과정을 마친 지 20년이 다 되어가는 지금도 가끔 떠올라 내 게으름을 반성하게 만든다. 과연 나는 지금 성실하게 환자 이야기를 듣고 있나?

교수님은 몇 해 전에 돌아가셨는데, 말년엔 지병으로 오래 고생하셨다. 어느새 그분의 막내 제자뻘인 내가 전문의가 된 지도 10년이 훌쩍 넘어 20년을 향해 간다. 하지만 요새도 가끔 (아니 솔직히 자주) 회진 가기 싫어서 진료실에 웅크리고 앉아

우리는 비 온 뒤를 걷는다

꾸무럭거리고 있을 때면, 내 책상 건너편 의자에 교수님이 앉아 빙그레 웃으며 이야기하는 것 같기도 하다. 이 선생, 힘들어? 그래도 환자 보러 올라가야지.

이야기할 시간,
울어볼 기회

　　　　　내친 김에 1년 차 때 이야기를 딱 하나만 더 해 보겠다. 의사가 된 첫해, 1년간의 인턴을 마치고 심사숙고 끝에 평생의 업으로 삼을 각오와 결단으로 정신과에 입문했다. 하지만 레지던트 4년의 과정 중 첫해는 안타깝게도 '인간의 마음을 이해하고 공감하는' 것과는 거리가 멀었던, 그야말로 좌충우돌의 시기였다.

　　과 막내로서의 잡무는 한도 없고 끝도 없었고, '백일 당직'이라는 일종의 통과 의례 때문에 세 달 동안 집에 들르지 못한 것도 괴로웠지만, 무엇보다 힘든 것은 '아는 것이 없다'는 사실이었다. 몰라도 어느 정도 몰라야 내가 어떤 게 부족한지 생각하고 보충도 하는 것인데, 그야말로 하나에서 열까지, 기역에서 히읗까지, 알파에서 오메가까지 모르니 그것이 참 고역이었다. 일단 튀지 말고, 시키는 대로 하나하나 하다 보면 언젠간 뭐라도 좀 할 수 있게 되겠지. 뭐 그런 생각으로 버티던 날들 중에 있었던 일이다.

당시 정신과 레지던트 1년 차의 업무 중엔 '예진'이란 것이 있었다. '예비 진료'의 줄임말인데, 교수님 외래 진료를 받으러 온 신규 환자의 간략한 일대기─고향은 어디고 형제 관계는 어떻게 되고 종교는 무엇이며 학력과 직업 등등 '객관적인 인생 전반'─을 듣고 정리하는 것이다.

대학병원에서 진료를 받아본 사람이라면 짐작할 수 있겠지만, 몰려드는 환자와 교수님의 제한된 진료 시간 때문에 생기는 어쩔 수 없는 단계다. 교수님이 그 이야기를 찬찬히 다 듣기에는 시간이 모자라기 때문이다. 환자 입장에서는 큰맘 먹고 대학병원 정신과의 문을 두드렸는데, 처음 만나는 사람이 이 동네 밥 먹은 지 몇 달 되지 않은, 알파도 모르고 오메가도 모르는 그런 신참인 셈이다. (물론 그다음엔 교수 진료를 받게 되기는 하지만.)

내가 그를 만난 날도 그런 좌충우돌의 나날 중 하나였다. 예진실에 들어온 그가 땀을 많이 흘렸다는 기억이 나는 걸 보면 더운 여름날이었던 거 같고, 그렇다면 아마 정신과 생활을 시작하고 반년 정도가 지난 시점이었을 거다. 아니면, 그냥 그날은 그에게 무척 긴장되는 날이었거나. 'B교수님 초진 환자가 있으니 예진하러 내려오라'는 외래 간호사의 연락을 받고 병동에서 (정신과 1년 차의 주 서식지는 보통 대학병원 최상층의 정신과 폐쇄 병동이다) 진료실로 내려갔다. 되짚어 보면 그해가 2000년, 아직 IMF의 그늘이 세상 거의 모든 곳에 짙게 드리워져 있을 때였다.

환자는 30대 중반 정도 된, 멀끔하게 양복을 차려입은 남성이었다. 30분에서 1시간 정도의 시간 동안 그의 일생을 탈탈 털어보는 게 내가 그와 해야 하는 일이었다.

물론 이는 정식 상담이 아니기 때문에 별다른 기법이 필요한 것은 아니었다. 그저 정해진 포맷에 따라 정해진 질문을 하고, 이에 관한 환자의 대답을 차트에 채워나가면 되는 일이었다. 태어날 때의 이야기, 자랄 때의 이야기, 가족의 환경, 학교와 직장 이야기, 가족과 친구, 결론적으론 왜 정신과에 오게 되었는지까지 묻는다. 그러고 나면 예정된 시간이 얼추 지나간 다음이다. 보통의 환자는 그 이후에 교수님 방으로 옮겨가서 본격적인 진료를 받게 된다. 그런데, 그날은 좀 사달이 났다. 정해진 질문과 그에 관한 대답이 오간 뒤, 예진이 끝날 무렵 그가 갑자기 눈물을 터뜨린 것이다.

그도 처음에는 예상하지 못했던 것 같다. 아직 새파랗게 어려 보이는(그해 내 나이가 스물여덟이었다), 오메가는커녕 베타나 감마도 아닌 그야말로 알파도 모르는 젊은 의사 앞에서 대성통곡을 하게 될 줄은.

그는 자기의 출생과 성장 그리고 정신과를 찾게까지 만든 지금의 이야기를 미처 다 끝내지도 못하고 눈물을 터뜨리고 말았다. 살면서 여태껏 한 번도 이런 이야기를 처음부터 끝까지 말해본 적이 없었다고 했다. 말하고 나니까 시원하다고, 교수님은 굳이 안 봐도 될 것 같다며 그는 예진실을 나갔다. (물론 그는 교수님 진료를 보고 갔다.)

물론 정식 면담에서는 병력 청취 자체도 중요한 상담의 과정이 된다. 환자가 말하는 대로 듣는 것이 원칙이지만, 중요한 정보를 얻기 위해, 환자의 현재 증상에 중요한 의미를 가진 과거 이야기를 알기 위해 치료자의 적극적인 질문이 가끔은 필요하다. 그 과정에서 전문화된 기법과 대화가 필요하기도 하며 그 과정에서 보이는 환자의 감정 변화 역시 중요한 의미를 가진다.

하지만 내가 그를 만났던 1시간 동안, 나는 낫 놓고 기역자나 겨우 알아보는 정도였기 때문에 그런 기법이니 하는 것은 언감생심 생각도 할 수 없었다. 객관적이라고 말하지만 사실

43

은 기계적으로 정해진 이야기를 받아 적을 뿐. 그렇다고 해서 나에게 특별히 그를 향한 관심이나 열정이 있었던 것도 아니다. 각종 잡일과 긴장감, 주눅 듦에 치여 그저 하나의 업무로서 그의 이야기를 듣고 있었을 것이다. 그가 울게 된 것은 결국 내가 어떤 공감이나 해석을 했기 때문이 아니다.

정신과 밥을 먹은 지도 얼추 20년. 이제는 나도 경청이나 공감, 해석 같은 것은 적절한 시기에 적절한 방법으로 이뤄져야 지 의미가 있다는 것 정도는 안다. 환자의 감정이 격동한다고 해서 꼭 치료적인 의미가 있는 게 아니란 것도, 더군다나 그것이 내 능력과는 별 연관이 없다는 것도 안다.

하지만 누군가의 이야기를 경청하는 일이 이 직업의 가장 기본이라는 것 그리고 우리를 찾는 사람들에게 가장 흔히 결핍되어 있는 것이 자기 이야기를 할 기회라는 점은 부인할 수 없는 사실이다. 그리고 어쩌면 그 이야기를 하며 울어볼 기회 한 번이 없었던 사람들이, 참 많은 세상이라는 것도.

자기 이야기를 터놓고 하는 것이 치료는 아니지만, 적어도 치료의 시작에 한 지점으로선 충분히 가치 있는 일이다. 근 20년 전 만났던 그 30대 양복쟁이 남자 환자의 갑작스러운 울음과 그 앞에서 당황했던 내 모습은, 세월이 흐른 지금도 그 평범한 사실을 깨닫게 해주는 스님의 죽비처럼 기억에 남아 있다.

병무청은 내게
산재를 줬어

여의도에서 샛강을 건너서 남쪽으로 내려오면 바로 대방동이다. 이 동네엔 군 관련 기관이 많다. 예전엔 공군 사관학교가 있었고, 해군본부도 이쪽에 있다가 지방으로 이전했다고 들었다. 충남 계룡시로 내려간 해군본부의 옛터는 서울지방병무청이 되었는데, 난 그곳에서 3년의 군역을 마쳤다. '징병검사 전담의사'라는 이름으로.

세상에서 제일 지루한 이야기 세 가지가 뭐냐 물으면 어지간한 한국 사람은 쉽게 다 맞춘다. 1번 군대 이야기, 2번 축구 이야기, 제일 지루한 3번은 군대에서 축구한 이야기. 듣는 이들에 대한 배려 없는 아재들의 화법을 빈정대는 말이지만, 뒤집어 말하면 마땅한 공통 화제가 없는 중년 남성들이 쉽게 공감대를 나눌 수 있는 주제가 군대 이야기와 축구 이야기뿐이란 뜻이기도 하다.

공통된 화제라지만, 생각해 보면 군필자라 해서 군대 이야기에 '공통'될 만한 주제는 별로 없다. 일단 육해공이 다르고, 같은 육군이라도 소속 부대가 다르고, 주특기 다르고, 계급 다르고, 입대 시기 다르고, 다르고, 다르고, 다르다. 젊은 날의 소중한 2, 3년을 국가에 저당 잡혔다는 것 외에는 꼭 닮은 점도 없다. 그래서 모두의 공통점인 군대에서 축구한 이야기를 굳이 하는 것일까.

대한민국 예비역 아저씨라면, 군대와 관련해서 모두가 공유하는 공통된 경험이 적어도 하나는 있다. 아니, 현역 복무자뿐 아니라 공익도, 사회복무도, 방위도 모두. 심지어 군 면제자도, 주민등록번호 앞 자리를 정정하지 않은 트랜스젠더까지도 모두 공유하는 기억이 하나 있으니, 그것은 바로 '징병 신체검사'다.

우리나라 사람의 절반가량은 자기 인생의 한 시기에 징병검사장을 방문해야 한다. 누가 날 보고 "군 생활 어디서 하셨어요?"라고 질문하면(아아, 이 질문 또한 얼마나 많은 술자리에서 무의미하게 묻고 답해진 질문인가) 으레 '아, 네, 저는 3년 동안 병무청에서 징병 신체검사를 했습니다'라고 대답하게 되는데, 그 대답을 들은 꽤 많은 사람이 아련한 표정을 짓는 것을 보아왔다. 갓 스물이 되던 해의 어느 날을 회상하는 눈으로.

병무청 복무는 남들에 비해 어려운 일은 아니었다. 하지만 나는 그곳에서 한 가지 직업병이 생겼다. 아니, 직업병이라기보다는 산업 재해라고 하는 것이 더 맞으려나. 장정들의 신체검사를 하던 당시에는 몰랐다. 군역을 마치고 사회로 돌아와 정신과 의사로서의 일상에 복귀하고 난 뒤에야 알게 되었다. 나에게 병무청 근무 이전에는 없던 한 가지 문제가 생겼다는 것을. 이 글은 나의 그 직업병, 혹은 산재에 대한 내 나름의 변명이다.

앞서 말했듯, 정신과 의사라는 직업은 기본적으로 듣는 것이 일이다. 이렇게 듣기가 주요 업무인 직업이 또 뭐가 있을까? 신도들의 고해성사를 듣는 신부님? 법정에서 변호사와 검사의 논박을 듣는 판사? 분노한 고객의 욕설 섞인 항의를 온종일 들어야 하는 콜센터 상담 직원?

물론 정신과 의사의 '듣기'는 다른 직업의 듣기와는 조금 다르다. 듣는 과정을 통해 정신과 의사는 환자가 나타내는 모든 언어적·비언어적 표현을 통해 환자를 파악하고, 진단하고, 치료 방침까지 세운다. 앞에서 '정신과에선 의사 자체가 진단 도구'라고 했지만, 정신과 의사의 눈과 귀와 입은 치료 도구이기도 하다.

때론 정신과 의사가 너무 듣기만 한다며 불만을 갖는 사람도 있다. 정신과 상담을 처음 다녀온 사람이 흔히 하는 불평이 있다. '아니, 기껏 힘든 일을 털어놓고 한참 나 혼자 이야기했더니 의사라는 사람이 무슨 위로나 해결책을 하나 주지도 않고 그냥 고개나 끄덕거리고 대답 몇 번 하더니 끝이래. 그리고 돈 받아. 야, 세상에 돈 쉽게 버는 사람 많더라.' 하지만 섣부르게 말을 하지 않고, 꾹 참고 잘 듣는 것이 좋은 정신과 의사가 가져야 할 태도다.

⁂

정신과 의사는 왜 듣는가. 말하는 사람을 '이해하기 위해서' 듣는다. 정신과 의사의 듣기와 다른 직업의 듣기의 차이점을 찾을 때, 이 점을 빼놓을 수 없다. 달리 말하면, 정신과 의사의 듣기에는 '판단'보다 '공감'이 우선된다고도 할 수 있겠다.

물론 정신과 의사도 내담자의 이야기를 들으며 많은 판단을 한다. 어조와 표정에서 그의 기분 상태와 성격의 편린을 살펴본다. 때로는 눈에 보이는 거짓말이나 자신에게 수치스러운 내용을 숨기는 것을 눈치 채기도 한다. 공감한다고 해서 무조

건 내담자의 역성을 들거나 위로하는 것도 아니다. 치료적 중립성therpeutic neutrality을 잃은 치료자는 적절한 치료를 수행할 수 없다. 가족이나 부모형제를 상담하지 않는 것도 그 때문이다.

하지만 정신과 의사의 듣기는 여전히 '판단'보다는 '공감'을 기본으로 한다. 정신과 의사는 내담자의 이야기를 들음으로써 그를 이해하려고 한다. '왜 저 사람은 저런 생각을 하게 되었지? 왜 저 사람은 저런 성격을 갖게 되었지? 왜 저 사람은 지금 나에게 저런 말투로 저런 이야기를 하지? 나는 점점 저 사람 이야기가 듣기 싫어지는데, 이건 어떤 이유인 거지?'라는 질문들과 함께.

만약 "남편은 나보고 바람을 피웠다지만, 사실 바람을 피운 것은 남편이에요. 그 이유로 남편이 생활비를 주지 않아요. 견딜 수 없이 괴로워요"라고 말하는 여성이 있다고 하자. 판사라면 '과연 바람은 남편이 피웠는가, 부인이 피웠는가? 그 증거는 무엇인가? 이 가정 파탄의 원인은 남편과 부인 중 누구에게 있는가? 남편은 아내에게 생활비를 주는 게 맞는가? 준다면 얼마를 줘야 하는가?'라는 생각을 먼저 할 것이다.

정신과 의사도 비슷한 생각과 판단을 한다. 내담자가 처한 환경에 대한 '실체적 진실'을 아는 것은 환자의 상담에 많은 도움이 될 테니까. 하지만 정신과 의사는 그 실체적 진실 자체 못지않게, 아니 그보다 더 열심히, '견딜 수 없이 괴롭다'는 이야기를 하고 있는 내담자의 감정에 공감하려 한다. 설사 '사실 바람을 피운 사람은 배우자가 아니라 내담자 자신이구나' 하는 판단이 들 때도. 다시 말하지만 정신과 의사는 판사가 아니니까.

요컨대 정신과 의사는 듣는 사람이고, 말하고 있는 사람을 이해하기 위해서 듣는 것이며, 그 들음의 기본에는 상대방에 대한 공감이 있어야 한다. 나에게 상담을 받는 사람이 천하에 둘도 없는 사기꾼에 거짓말쟁이라고 해도, 정신과 의사에게 중요한 것은 그가 지금 하는 말이 거짓말인지 아닌지가 아니다. 그보다는 그가 왜 그런 거짓말을 하고 있는지가 중요한 것이다. 이런 의미에서 정신과 의사의 듣기는 판사의 듣기와도, 신부의 듣기와도, 선생님의 듣기와도, 혹은 연인의 듣기와도 다르다. 그런데 병무청에서 근무한 3년이라는 시간 동안, 나의 그 기능에 문제가 생긴 것이다.

훈련소에서 나온 나는 바로 서울지방병무청의 제1신체검사장에 배치되었다. 출근해서 가만 보니까, 뭐 그곳에서 할 일도 예전에 병원에서 하던 일과 비슷한 것 같았다. 이곳에 오기 전 환자를 진단하고 이해하기 위해 환자의 이야기를 듣는 것이 내 일이었다면, 검사장에서도 결국 해야 할 일은 그 사람의 이야기를 듣는 것이었다. 그러면서 그에게 정말 군대를 가지 못할 정도로 정신적인 어려움이 있는지를 알아내는 것이다. 하지만 얼마 동안의 시간이 지나고 나자 나는 깨닫게 되었다. 그곳에서 해야 할 일은, 지금까지 내가 익숙하게 해온 일들과 비슷한 것 같지만 알고 보면 정반대의 일이라는 것을. 이게 무슨 소릴까.

그곳에서도 여전히 정신과 의사는 장정들의 이야기를 듣는다. 아니, 솔직하게 말하면 정신과 의사들은 장정들 중 '일부'가 가지고 온 '차트'를 읽는다. 지금은 어떤지 모르지만 그 당시만 해도 징병검사장의 기능은 위음성(가짜 음성, 아픈데 아프지 않다고 하는 것) 감별이 아닌 위양성(가짜 양성, 아프지 않은데 아프다고 하는 것) 감별에 국한되었다. 즉 징병검사장에선 '아픈데 멀쩡한 척하는 사람'을 가려내기 어렵다는 뜻이다. 군대 갈 수 있는데 안 가려고 수 쓰는 사람을 가려내는 것이 2000년대 초반 징병검사 전담의사인 나의 주 업무였다.

신검을 받아본 사람이라면 알겠지만 출근하면 배정된 그날의 '장정'을 백 명에서 이백 명 가까이 '본다'. 그야말로 본다. 다섯 명씩 끊어서 내 앞에 오면 쭉 얼굴을 보고 '정신과 쪽으로 문제 있는 사람?'이라 물어본다. 아무도 대답이 없으면 '통과'

를 외치고 전산에 '정상'을 넣는다. 그중 하루에 몇 명이 손을 들거나 바리바리 준비해 온 서류를 꺼낸다. 징병검사장의 정신과 의사가 주로 하는 업무는, 바로 그들이 '정말로 정신적으로 아픈가, 그래서 군대를 보내면 안 되는가, 아니면 꾀병인가'를 판단하는 것이었다.

병원과 신체검사장 모두 내 앞에 앉은 사람의 이야기를 듣는다는 점에서 외형은 같지만, 알고 보면 내면은 완전히 반대되는 성질의 '듣기'였다. 병원에선 상대방을 이해하고 공감하기 위해 그의 말을 들었다면, 검사장에선 의심하기 위해 그의 말을 들어야 했다. '과연 이 말이 진짜일까? 거짓말 같은데? 이거 위조된 서류 아냐? 아니면 진단서 써준 의사가 이 사람의 지인일 수도 있지 않겠어? 어딘가 수상한데? 뻥 같은데? 왠지 나를 바라보는 눈빛이 흔들리잖아?' 뭐 이런 생각을 하며 앞에 앉은 사람의 이야기를 듣게 되는 것이다.

이 비슷한 듣기를 하는 직업으로는 뭐가 있을까? '아이씨, 내가 안 죽였다니까! 아까 용팔이 놈이 후다닥 뛰어나가는 거 봤다니까!'를 외치는 용의자를 취조하는 형사? '선생님은 범인을 이미 알고 있지만 스스로 자백하는 모습을 보고 싶다. 모두 책상 위로 올라가서 손 들어! 자백할 놈만 조용히 손을 내리도록 한다'고 애들을 어르는 담임 선생님?

옛말에, 서당 개 3년이면 풍월을 읊는다고 했다. 3년 세월이면, 개도 개의 본성을 잊고 새로운 환경에 완전히 녹아들 수 있단 이야기다. 이 속담은 서당과 개에만 적용되지 않는다. 처음 복무를 시작했을 때는 어색하고 민망하기만 하던 병무청 스타일의 '의심하며 듣기'가, 3년 복무를 마치고 나올 때쯤에는 완전히 몸에 배어버렸다. 의심하는 자의 날카로운 눈빛은 제대 후 용산의 한 병원에 취직해서 환자를 보는 내 모습에 고스란히 남아 있었다.

"선생님. 마음이 우울하고 잠이 오지 않아서 힘들어요.""언제부터 그러셨어요?(정말 잠이 안 오는 거 맞아? 우울한 거 맞아? 우울증 약을 모아서 다른 데 쓰려고 그러는 거 아냐?)""선생님, 언제부턴가 귀에서 사람 목소리가 들리는 것 같아요.""아, 네에…(스무 살? 병무청 신검은 받았나? 뻥 아니야? 정말 들리는 거 아닌 거 같은데? 너 군대 가기 싫어서 이러는구나! 아, 이 사람 여자였지?)."

도대체 환자가 하는 말을 믿을 수가 없었다. '이럴 수가! 나라의 부름에 응해서 3년이나 복무했는데! 애국하는 마음으로 내가 가진 전문 지식을 쏟아부어 장정들을 선별했는데! 그런데 나에게 남은 게 뭐야! 나는 망가졌어! 나는 실패자야! 정부는 나의 장애를 보상하라! 앞으로 나는 뭘 해서 먹고살란 말이냐!'

물론 농담이다. 나는 정부에 아무런 손해배상을 청구하지 않았다. 서당 개는 원래 3년이 지나면 풍월을 줄줄 읊는 법이지만, 제대 군인은 원래 사흘이 못되어 군에서의 습관을 홀랑 잊어버리는 법이다. 전역한 정신과 징병 전담의사는, 생각해 보면 한 3개월 걸렸나? 하여간 길지는 않은 시간이 지난 후에 나는 다시 원래대로 돌아왔다. 지금도 크게 무리 없이 살고 있다.

하지만 가끔 생각한다. 내가 지금 이 사람의 이야기를 들어야 하는 이유에 대해서. 이 사람이 왜 내 앞에 와서 이런 이야기를 하고 있는지. 나는 판사가 아니므로 그의 이야기에서 진실을 판별해 낼 필요는 없다. 나는 형사가 아니므로 그의 이야기에서 그의 죄악을 드러낼 필요도 없다. 나는 선생이 아니므로 그를 선도하고 바른 길로 이끌 의무도 없다. 나는 신부가 아니므로 그의 죄를 사할 자격이 없다.

나는 그의 이야기를 들음으로써 그를 진단하고, 그가 그런 병에 이르게 된 이유(의 아주 작은 부분이라도)를 추정하고, 그가 처한 어려움을 조금이라도 나아지게 할 수 있는 방법을 찾는다. 때로 나의 듣기는 그 자체로 치료적 효과를 나타내기도 하고, 때로는 적절한 약물을 찾아내는 도구로 쓰여 성과를 내기도 한다. 그리고 때론 나도, 방법을 찾지 못해 난감해지기도 한다. 그럴 땐? 다시 듣는 수밖에 없다.

정신과 의사의 일은 듣는 걸로 시작해 듣는 걸로 끝난다. 그 사람을 좀 더 이해하기 위해서, 그 사람이 혼란을 벗어날 수 있도록 돕기 위해서, 낫게 하기 위해서 듣는다. 뭔가 그 사람에게 하고 싶은 말이 떠오를 때도 잠시 참고, 그가 그다음에 무슨 말을 하는지 듣는 경우가 많다. 그러니 혹시 개인적으로 아는 정신과 의사가 있다면, 사적인 자리에서 그가 말이 좀 많다 하더라도 이해해 주기를. 오죽하면 듣는 게 일인 친구가 당신을 붙잡고 그러겠어요. 우리도 어디 가서 말 좀 하고 살아야죠.

변치 않는 맛으로
일하기란

내가 현재 근무하고 있는 병원은 조금 외딴 시골에 위치해 있다. 외래만 보는 개인 정신과 의원은 동네나 상업 지구에도 많이 있지만, 입원실을 갖춘 정신병원들은 보통 이런 곳에 있다. 사람들은 정신과 치료와 정신질환자에 대해 편견을 가지면 못쓴다는 것을 이성적으로는 잘 알지만, 막상 자기 동네에 정신병원이 들어오는 것은 싫어하니까, 어쩔 수 없이 정신병원들은 도심지가 아닌 외곽에 있는 경우가 많다.

하여간 사정이 그렇다 보니, "오늘 밖으로 점심이나 먹으러 나갈까?" 이 소리 한 번 하기가 쉽지 않다. 나가봐야 일단 논, 이단 축사, 삼단 과수원이 주변의 모습이다. 짜장면이라도 먹으러 가려면 일단 차를 타야 한다. 그러니 점심은 거의 매일 구내식당 밥이다.

다행히 구내식당 밥은 상당히 잘 나오는 편에 속한다. 직원들과 환자들에게 똑같은 식단이 제공되는데, 우리 병원의 큰 고민 중 하나가 '새로 입사한 직원들과 새로 입원한 환자들이 너무 살이 찐다, 입사/입원 후에 없던 당뇨병, 고혈압이 생기기도 한다'일 정도다. 밥맛과 메뉴에 대한 경영진의 고집과 자부심은 대단하다. (내가 10년째 우리 병원에서 이직을 안 하고 열심히 다니고 있는 이유도 사실은 다른 것이 아니라…)

그래도, 제아무리 맛깔나는 밥이라도, 구내식당 밥은 구내식당 밥이다. 똑같은 김밥이라도, 소풍을 나가 경복궁을 바라보며 먹는 김밥과 갑자기 비가 와서 소풍이 취소된 날 교실에서 먹는 김밥 맛은 도저히 같을 수 없다고 20여 년 전의 권여선 작가는 말했다. 나는 그 표현이 맘에 들어서 20여 년 동안 마치 내가 한 말처럼 하고 다닌다.

점심시간에 SNS를 열면, 도회지(!)에서 근무하는 친구들의 점심 메뉴 인증샷이 올라온다. 때로는 평양냉면, 때로는 수제버거, 때로는 회덮밥, 때로는 물만두. 그 사진에 찍힌 음식이 강렬하게 먹고 싶어질 때가 있다. 어지간한 상업 지구에 있는 사무실이라면 횡하니 나서서 어렵지 않게 먹을 수 있는 음식들이지만 이곳에선 그렇지 못하니 그 간절함은 배가된다. 병원의 영양사님은 신메뉴 개발을 위해 열심히 노력하지만, 구내식당의 메뉴는 아무래도 제한된 구성의 반복일 수밖에 없다. 그리고 결정적으로, 구내식당엔 선택권이 없다.

　식단의 예를 들었지만, 우리 같은 만성 질환 정신병원의 일상 역시 끝없는 동어 반복의 연속이다. 새 환자가 들어오고 치료된 환자가 나가며, 가끔은 응급 상황도 발생하지만 사회에서 우리 같은 병원의 임무는 '전진'보다는 '유지'에 가깝다.

　전투라고 가정했을 때 종합병원의 응급실이 최전방이라면, 시골 정신병원의 전투는 장기 진지전이다. 만약 독일의 소설가 레마르크Erich Maria Remarque가 21세기의 우리 병원에 와봤더라면 《서부전선 이상 없다》 대신 《27병동 이상 없다》를 썼을 것이다.

　나는 가끔, 정신과 의사가 고를 수 있는 많은 조건 중에 왜 '만성 정신질환'을 택했는지 생각하곤 한다. 아직 정답은 못 찾았지만, '전진', '창의', '쟁취', '선도' 같은 것보다는 '유지', '보수', '관찰', '숙고' 같은 것이 어울리는 성격의 탓도 큰 것 같다. 재빠름이나 순발력보다는 판단 하나에도 궁리해야 할 것이 과도하게 많은 이에게 이곳은 최고의 직장이기도 하다. 요새는 이 시골 병원에도 '비전 TFTask Force팀' 같은 것이 생겨 병원 발전 계획 등을 궁리해야 한다. 그중에도 내 몫은 '중장기 발전 계획' 담당이다. 맘 같아선 '중' 자도 떼고 싶다.

언뜻 듣기에 반복과 유지가 쉬운 일 같지만, 사실 절대 쉽지 않은 일이다. 잘 짜인 현장 지침은 말로 설명해 알려주기도 어렵고 쉽게 눈에 띄지도 않지만, 반복과 유지를 가능하게 하는 힘이라고 나는 늘 변명한다. 경영진에게, 직원들에게, 가족에게 그리고 무엇보다 나에게.

　한 번 더 병원을 전쟁터에 비유하자면, 피와 불과 포탄이 난무하는 전투는 격렬하지만 짧게 끝난다. 전쟁은 전투가 다가 아니다. 아니, 전투는 전쟁의 아주 작은 일부다. 전쟁의 대부분은 지루한 기다림, 끝도 없는 보급, 종전을 기다리는 기약 없는 소모전 그리고 그 전쟁보다 몇 배는 더 긴, 회복의 시간이다. 시골에서 만성 환자를 돌보는 정신병원도 비슷하다. 이곳에서의 호흡은 다른 곳보다 길다. 조급함이 앞서면, 결코 이길 수 없는 싸움을 시작하게 된다.

　그리하여 나 자신에게 오늘도 위로를 전한다. 오늘도 평화로운 이 시골 병원에서 맛있지만 조금은 지루한 구내식당 밥이 영 내키지 않으면, 슬쩍 차 몰고 나와서 짜장면이라도 먹으러 가라고 말이다. 비록 혼자라 탕수육은 시키지 못하겠지만, 단 한 번 열리고 사라진 알 수 없는 중화요리 경연 대회 1등 수상 전력의 중국집 사장님 솜씨를 가끔 즐기는 것 또한, 이 오래된 직장에서 다들 알음알음 몰래몰래 즐기는 일탈이기 때문이

다. 그러니 사장님, 메뉴에 탕짜면 추가 어떻게 안 될까요? 아,
물론 탕수육 소스는 따로 부탁드립니다.

급할수록
버스에 두고 내리자

유재하, 김광석, 이은주, 김성재, 장국영, 제임스
딘, 제니스 조플린, 히스 레저, 커트 코베인. 젊디젊은 나이에
안타깝게 세상을 떠나 많은 이를 눈물짓게 했던 이름들. 그 애
잔한 명단에서 배우 장진영의 이름을 떠올려 본다. 1972년생.
2009년 위암으로 사망. 〈싱글즈〉, 〈국화꽃 향기〉, 〈청연〉 등의
영화에 주연으로 출연.

사실, 그이가 한창 왕성하게 활동할 때는 그에게 별 관심이
없었다. 인기를 누리던 젊은 배우가 갑작스레 말기 암 진단을
받고, 짧지 않은 시간의 투병 과정을 거친 후 결국 세상을 떠나
게 되는 걸 보고 나서야 그이가 출연한 영화를 찾아보았다.

장진영 배우는 다른 영화로 이런저런 영화제의 상을 타기

도 하고 흥행 배우의 이름을 갖기도 했지만, 개인적으로 오래 기억에 남는 그이의 영화는 〈국화꽃 향기〉다. 남자 주인공 역할의 박해일 배우를 가슴에 꼭 안고 먼 곳을 바라보던 영화 포스터가 여러 패러디를 낳으면서 유명해진 까닭도 있지만, 극중 장진영의 배역이던 '희재'가 위암에 걸려 죽는다는 설정이 배우의 실제 인생과 결부되면서 묘한 여운을 주었기 때문이다.

이 영화의 주제곡이었던 성시경의 노래 '희재'도 많은 사랑을 받았다. '이런 사랑, 이런 행복 쉽다 했었죠. 이런 웃음 이런 축복 내게 쉽게 올 리 없죠. 눈물조차 울음조차 닦지 못한 나. 정말로 울면 내가 그댈 보내준 것 같아서. 그대 떠나가는 그 순간도 나를 걱정했었나요. 무엇도 해줄 수 없는 내 맘 앞에서. 그댄 나를 떠나간다 해도 난 그댈 보낸 적 없죠. 여전히 그댄 나를 살게 하는 이유일 테니.' 이 가사를 들으며, 지난 연인을 떠올리며 아련해지는 남녀 또한 많았을 테다.

사실은, 나도 알던 '희재'가 있다. 더 솔직히 말하면 '알던'이 아니라 '아는' 희재다. 지금도 잘 알고 지내는 사이다.

한 가지 다른 점이 있다면 성시경이 노래한 희재와 달리 나의 '희재'는 건장한 체격의 유부남이라는 것이다. 내 아들과 희재의 딸이 동갑이라 처음엔 학부모 사이로 만났는데, 성격도 맞고 가족끼리 친해져 어느새 막역한 동네 형, 동생 사이가 되었다.

희재의 취미, 아니 버릇 중 하나는 장거리 버스 타기다. 깊게 생각할 거리가 생기거나 중요한 결정을 내릴 일이 있으면, 희재는 고속버스를 탄다. 2시간 정도 생각할 여유가 있으면 대전 가는 표를 사고, 5시간의 생각을 필요로 하는 일이라면 부산이나 목포 가는 표를 끊는다. 덜컹덜컹 흔들리는 버스 안에서 희재는 온갖 경우의 수와 손익대조표를 머릿속으로 그려보고, 낯선 도시의 터미널에 내릴 때쯤엔 나름대로의 결론을 내리곤 한다.

희재는 왜 고민이 있을 때마다 장거리 버스를 타나. 희재에겐 사무실이 없나? 무슨 소리. 냉난방이 빵빵한 번듯한 사무실이 있다. 가족 때문에 번잡해서 집에선 도저히 집중이 안 되나? 설마. 희재의 아내와 딸은 차분하고 조용한 사람들이고, 무엇보다 남편과 아빠의 일을 존중하는 사람들이다. 희재는 충분히 사무실이나 본인의 방에서 고민도 할 수 있고 결정도 내릴 수 있다. 그런데도 희재는 생각이 필요할 때마다 굳이 돈을 내고 먼 도시로 가는 버스를 탄다. 도대체 왜?

정작 본인은 별 의미를 두지 않는 장거리 버스 타기의 이유를 나는 골똘히 고민했다. 아아, 이것은 얼치기 정신과 의사의 직업병이기도 하다. 나는 내가 파악한 희재의 성격과 내가 배운 정신과의 온갖 잡다한 이론, 우리가 공통적으로 속해 있는

63

21세기 대한민국이라는 환경을 종합적으로 연구해 한 가지 결론을 내렸다. 음, 물론 나는 버스는 타지 않고, 그냥 내 방에 누워 과자를 먹으면서 내린 결론이다.

나의 결론은 이러했다. 희재는 버스를 타는 과정을 통해 자신의 고민을 '중심'의 자리에서 '주변'의 자리로 내려앉히는 것이다. 달리 표현하면, '지금 당장 해야 할 일'을 '굳이 지금 하지 않아도 될 일'로 바꿈으로써 오히려 그 일을 '지금 당장 할 수 있는 힘'을 얻는 것이다.

우리는 살면서 당장 해결해야 할 성가신 일들과 빨리 선택해야 할 중요한 결정들을 만난다. 새우깡을 먹을지 양파링을 먹을지 고민하던 어린 시절에서부터 순심이를 만날까 영숙이를 사귈까 고민하는 청년기를 지나, 이 망할 놈의 박 부장 얼굴에 사표를 던지고 나가버릴까 아니면 토끼 같은 처자식 얼굴을 떠올리며 또 한 번 꾹 참을까를 고민하는 아재의 나이에 이르기까지 세상엔 판단해야 할 일과 결정해야 할 것들로 가득하다.

책임지고 결정해야 할 일들은 나이가 들수록 숫자도 늘고 무게도 더 늘어난다. 우리는 잠시의 고민을 통해 어떻게든 대부분의 일들에 결론을 찾아넣지만, 살다보면 쉽게 결정할 수 없는 일들이 생기기 마련이다. 그리고 더러는, 이미 눈에 빤히 보이는 결론이지만 받아들이기 싫은 결정을 만나기도 한다.

그럴 때 우리가 취할 수 있는 가장 합리적인 선택은, 가장 중요한 일을 먼저 결정하는 것이다. 미뤄봤자 더 나아질 것 없는 결정은 빨리 하는 것이 좋다. 하지만 말로 하면 쉬운 이 일이, 사실 세상에서 제일 어려운 일이다. 우리는 가장 중요한 일을 제일 나중으로 미루고, 미뤄봤자 더 나아질 것이 없는 결정을 '숙고'라는 핑계로 차일피일 미룬다.

그러면서 급하지도 않은 결정은 빨리 내려버린다. 당장 하지 않아도 되는 일을 굳이 먼저 결정한다. 그러면서 정작 제일 중요한 결정은 자꾸 뒤로 넘긴다. 그런 경험들 있지 않나. 평소 거들떠보지도 않던 시사 종합 잡지는 시험 전날에 펼쳐놓으면 세상에서 그보다 재미난 것이 없다. TV에서 나오는 별 시시껄렁한 광고마저도 휴가 복귀 전날 군인에게는 한없이 재밌고 소중한 오락거리가 되지 않던가.

우리는 반드시 해야 할 일을 하기 싫어하고, 굳이 안 해도 될 일은 열심히 찾아서 한다. 그렇다면, 역으로 생각할 수도 있는 것이다. 반드시 지금 해야 할 일을, 생각의 중심에서 주변으로 옮겨보는 것이다. 예를 들어 아무 볼일도 없는 영월로 가는 표를 끊는다. 영월에 가는 2시간 동안 나는 모든 의무로부터 자유롭다. 책상에 앉아 있다면 반드시 춘봉 물산에 제출할 기획안을 써야 하지만, 버스 안에선 해도 그만 안 해도 그만이다.

그 시간은 기획안 쓰는 시간이 아니라 영월에 가는 시간이니까. 그렇게 된다면 마음이 한가로워진다. 그럼 안 해도 되는 일인 춘봉 물산 기획안에 대해서 생각해 볼까? 아아, 아이디어가 샘솟네!

희재를 만나 맥주를 마시면서, 나는 조심스레 나의 결론을 희재에게 들려줬다. "야, 형이 좀 생각을 해봤거든. 네가 도대체 왜 맨날 버스를 타는가 생각해 보니까⋯." 나의 장광설을 한참 들은 희재는 어이가 없다는 표정으로 씩 웃더니 내 어깨를 툭 친다. "형, 뭐 그런 말도 안 되는 생각을 해요. 그냥 이 술이나 빨리 마셔. 나 일찍 들어가서 자고 내일 아침에 포항 가는 버스 타야 돼."

희재는 다만 고속버스의 디젤 기름 냄새가 좋은 것일까. 다음에 만나면 올 가을엔 꼭 구충제를 먹으라고 일러줘야겠다. 너 뱃속에 회충 있나 보다, 야.

듣는 마음을
미루어 짐작건대

이런저런 구설로 지금은 애매해졌지만, 한때 코미디언 심형래의 입지는 실로 대단했다. 제 학교 교장 선생님이 누군지는 몰라도 심형래를 모르는 아이는 없었고, TV만 틀었다 하면 심형래의 얼굴을 볼 수 있었다. 기업들은 그를 모시기 위해 난리가 났었고, (역시 이런저런 구설로 다 날아갔지만) 그는 한때 엄청난 부를 얻기도 했다.

그에게 그런 '국민 코미디언'의 지위를 얻게 해준 것은 누가 뭐래도 '영구' 캐릭터다. "띠디리디디"를 외치며 히죽히죽 웃다가 "영구 없~다"를 외치고 도망가는 것이 그 캐릭터의 상징과도 같은 유행어였는데, 동네 꼬마들이 하나같이 그의 유행어를 외치며 바보 흉내를 내는 통에 교육상 좋지 않으니 금지시켜야 한다는 어른들의 의견이 생길 정도로, 당시 '영구' 심형래는 하나의 전설이었다.

심형래 이후 많은 코미디언-개그맨들이 등장했다 사라졌고, 그중에 몇은 심형래보다 더 많은 인기와 부를 이루기도 했다. 하지만 다른 건 몰라도 '최고의 바보 캐릭터'라는 칭호를 심형래와 영구로부터 빼앗을 사람은 이제 나오기 어렵지 않을까 한다. 후배들의 재능이 심형래보다 못해서가 아니라, 이제는 바보 캐릭터를 연기하기가 전처럼 쉽지 않아서다. 지능이 낮은 사람을 웃음의 소재로 삼는 것은 올바르지 않다는 사회적 인식이 우리 안에 퍼져가고 있기 때문에.

신현준은 날카롭고 서구적인 외모를 가진 배우다. 그런 외모를 십분 발휘한 영화 〈은행나무 침대〉에서는 무시무시한 카리스마를 가진 '황 장군'을 연기하는 젊은 그의 모습을 볼 수 있다. 나이가 들면서, 신현준은 오히려 그 외모를 생각하면 일종의 '반전 매력'이라 할 법한 어수룩한 모습으로 인기를 이어갔다.

비슷한 맥락으로 신현준은 〈맨발의 기봉이〉라는 영화에서 지적장애를 가진 실제 인물인 '기봉이'를 연기한 적이 있다. 여러 역경을 넘어 마라톤을 완주하는 지적장애인의 모습을 연기한 영화 속 그의 모습은 나름 감동적이었으나, 그는 후일 이 역할로 곤욕을 치른다. 예능 프로그램에 나와서 보여준 기봉이 관련 개인기 하나가 사람들의 눈살을 찌푸리게 한 것이다. 그는 영화에서 보여줬던 기봉이 '흉내'를 냈다. 어눌한 말투와 부자연스러운 표정으로 횡설수설하는 신현준의 개인기를 보며 패널들은 박장대소했지만, 시청자들은 신현준과 패널들이 장애인 기봉 씨를 비하했다며 비난했다.

어쩌면 '바보를 바보라 하지도 못하느냐'며 각박함을 한탄하는 사람도 있을지 모르지만, 이제 우리는 안다. 지능이 낮은 사람을 우스개의 소재로 삼는 일이 바람직하지 않다는 것과, 더 나아가 우리와 다르다는 이유로 소수자를 웃음거리로 삼거나 차별해선 안 된다는 것까지. 더 나아가 우리는 이제 그런 상황을 보면 마음에서 불편함을 느끼게 되었다. 이것을 우리는 '인권 감수성'이라 말할 수 있지 않나 싶다. 이제 우리는 지적 장애인을, 신체장애인을, 이주 노동자의 어눌한 한국말을, 성소수자를 웃음의 소재나 차별의 이유로 삼아선 안 된다는 것을 함께 배워가고 있다.

옛 속담 중에는 비유는 찰지지만 현대에 와선 소수자에 대한 차별적 발언이 된다는 점에서 금기해야 할 말들이 있다. '신작로 닦아 놓으니 문둥이가 먼저 지나간다'나, '병신 자식이 효도한다' 같은 속담들. 비슷한 맥락으로 이제는 장애인을 지칭

하는 수많은 단어가 공적으로 사용되지 않고 있으며, 특정 질환을 앓는 만성 환자를 비꼬는 말 또한 배제되고 있다. 이는 인권 측면에서 진일보라 말할 수도 있을 것이다.

생각해 보면 예전엔 장애인이나 외모의 단점을 지칭하는 수많은 단어가 있었다. 배냇병신, 귀머거리, 앉은뱅이, 곰배팔이, 사팔뜨기, 애꾸, 벙어리, 청맹과니, 문둥이, 언청이, 곰보 같은 말들. 사실 단어에 실려 오고간 혐오의 근원을 뿌리 뽑는 게 우선이겠지만. 그런 단어는 더 이상 사용하지 않는 측면으로, 혹은 그 사용이 바람직하지 않다는 입장으로 암묵적인 사회적 합의가 이뤄지고 있다. 사회는 그런 의미에서 조금씩은 발전하는 것도 같다.

그런데 오직 한 단어가, 여전히 많은 사람의 입에서 아무런 거리낌 없이, 심지어 자주 적의가 담겨 사용되고 있다. 아마 이 말까지 '혐오 발언'이라고 언급한다면 그건 정말 과한 잣대 아니냐고 항의하는 사람도 있을지 모르겠다.

그건 바로 '미친놈/년'이란 소리다. '배냇병신'이 선천적 장애를 의미하고, '귀머거리'가 청각 장애를 의미하듯, '미친놈/년'은 조현병 환자를 의미한다. 옛적에 정신병은 병이 아니라 신의 징벌이나 악마의 소행으로 여겨졌다. 그렇기 때문에 그들에 대한 차별이 정당화됐고 심할 경우 그들은 집단 학살의 대상이 되기도 했다. 정신질환자를 사슬에 묶어 구금하던 것은 그리 오래전 일이 아니다. 제2차 세계대전 중에 히틀러는 유태인뿐 아니라 수십만의 정신질환자들까지 가스실에서 학살했다.

사회가 발전하면서 자연스레 조현병과 정신장애에 대한 인식도 많이 개선되었다. 이제 환청이나 망상이 죄악이나 도덕성으로 인해 생긴 문제라고 생각하는 사람은 드물다. 심장병이나 당뇨병처럼 정신질환 역시 적절한 의학적 치료가 필요한 질병이라는 인식도, 부족하지만 점차 퍼지고 있다. 하지만 여전히 우리는 조현병 같은 정신질환자는 소수자들과 어딘가 다르고 나와는 먼 존재라고 생각한다.

소수자에 대한 다른 표현과는 달리, 사용하면서 거의 아무런 감수성의 저해도 받지 않는 '미쳤다'라는 표현을 볼 때마다 마음 한구석이 불편하다. 갑자기 내 차 앞을 끼어드는 운전자에게, 말도 안 되는 지시를 내리는 상사에게, 나를 버리고 떠난 전 애인에게 우리는 너무 쉽게 '미친'이라는 수식어를 붙인다. 그 말은 누군가에겐 배냇병신, 귀머거리, 앉은뱅이, 곰배팔이, 사팔뜨기, 애꾸, 벙어리, 청맹과니, 문둥이, 언청이, 곰보 같은 말처럼 너무 당연하게도 상처가 된다.

이렇게 말했더니 한 친구가 항의했다. '미친 가창력'이라거나 '만두에 미쳐 분식 외길을 걸어온 장인' 같은 표현은 나쁜 의미가 아니지 않느냐고. 사실 그 말도 맞다. 하지만 우리 주변의 누군가는 그 표현에 가슴이 덜컥 내려앉는 경험을 한다. 비록 소수라고 해도, 그 소수가 내가 되지 않으리라는 법은 없고, 이를 미루어 짐작하는 마음을 갖는 것이 사회의 인권 성숙도를 보여주는 지표 아닐까. 비록 사용자가 거의 없다 하더라도 육교에 엘리베이터를 설치하며, 화장실에 장애인 시설을 갖추는 일이 드는 비용과 무관하게 이루어지는 것처럼.

캐비닛은
대나무숲

병원에서 촬영한 환자의 엑스레이 필름은 지금은 당연히 전산화된 시스템을 통해 데이터베이스로 저장되지만, 내가 인턴이던 1999년만 해도 인화된 상태의 실물로 보관했다. 세상의 많은 부분이 아직 아날로그였던 시대였다. 어느 병원이든 건물 지하 외진 곳 어두컴컴한 창고에 엑스레이 필름 보관실이 있었다. 만약 다음날 외래 진료를 받기 위해 환자가 내원할 예정이거나 수술을 받을 환자가 있으면, 이전 엑스레이 필름을 그 보관실에서 찾아 챙겨두는 것이 인턴의 주요 업무 중 하나였다.

대부분의 필름은 제자리에 잘 정리되어 꽂혀 있지만, 가끔 중요한 필름이 간 곳 없이 사라져서 애를 먹기도 했다. 그러면

곰곰이 생각하는 것이다. '이 필름은 도대체 어디로 간 걸까. 이 환자는 내일 우리 내과에 오기로 되어 있는데. 차트를 보니 당뇨병이군. 그렇다면 당뇨 합병증으로 망막병이 올 수 있으니 혹시 안과에서 필름을 빼간 것은 아닐까? 안과 외래에 가보았더니… 빙고! 안과 인턴이 먼저 가져갔었군.' 물론 필름 보관실에서 엑스레이 필름을 가져갈 땐 반드시 대출 카드를 써야 하는 게 맞지만, 하루 16시간씩 일하는 인턴들에게는 워낙 구멍이 많다 보니 이런 일은 부지기수였다. 그러던 어느 날, 모 인턴은 신묘한 경험을 한다.

그날은 ○○과에서 새로운 술기를 사용해 선도적인 수술법을 도입하기로 한 날이었고, 안타깝게도 병원장 이하 전 병원 사람들의 관심이 그 수술에 쏠려 있었다.

응급 수술은 아니었던지라, 수술 대상자인 김똘똘 환자는 이미 지난주에 외래에서 모든 검사를 마쳤다. 내일의 수술을 위해 그는 오늘 입원하기로 예약되어 있었다. 그러니 인턴이 할 일은, 지하 필름 보관실에 가서 지난주에 찍어둔 환자의 엑스레이 필름을 찾아오는 것이었다. 그런데 아아, 필름이, 없는 것이다. 제자리에도 없고 위, 아래, 옆 칸에도 없어. 대출 카드엔 아무것도 적힌 것이 없어. 다른 과 외래를 다 뒤져도 가져간 사람도 흔적도 없어. 아아, 병원에서 인턴이란 얼마나 하찮은 존재인가. 코끼리를 냉장고에 넣으라면 넣어야 하는 것이 인턴의 처지가 아닌가. 그런데, 필름이 없다.

필름을 찾아 전 병원을 이 잡듯 뒤지다 실패한 인턴은 구질구질한 숙소 침대에 앉아 두 손에 얼굴을 파묻는다. 레지던트의 화난 얼굴, 주니어 스태프의 화난 얼굴, 과장님의 화난 얼굴, 원장님의 어처구니없어 하는 얼굴이 주마등처럼 떠오른다. 6년간의 의대 생활을 버티고 버텨서 이제 겨우 의사가 되고 인턴이 되었는데, 고작 몇 달 만에 때려치우고 바로 입대하겠다며 도망을 가야 되는 것인가. 뭐 이런 생각이 뇌리를 헤집는다. 이 답답하고 호소할 곳 없는 마음. '도대체 필름은 어딨는 거야? 지금 하늘에서 필름이 뚝 떨어지기만 하면 영혼이라도 팔겠네. 아악!' 인턴은 죄 없는 침대 옆 철제 캐비닛을 주먹으로 한 대 후려친다. 쾅. 철제 캐비닛 우그러지는 소리에 이어 툭, 소리가 난다.

캐비닛이 흔들리면서 그 위에 보이지 않게 놓여 있던 엑스레이 필름 봉투가 하나 떨어진다. 설마? 그 설마가 사람을 잡… 아니 이번엔 살렸다. 김똘똘 환자의 필름이다. 간절히 원하면 우주가 나서서 도와준다더니, 하늘이 도왔나? 그럴 리가. 그러면 이 필름은 도대체 어디서 온 것이냐.

나중에 알게 된 자초지종은 이러하다. 이 불쌍한 인턴의 동료이자 전임자인 지난 달 인턴은, 다음 달 있을 이 중요한 수술

75

을 앞두고 자기의 후임(그러니까 이 글의 주인공인 불쌍한 인턴)에게 혹시라도 이 중요한 필름을 찾지 못하는 불상사가 생길까 봐, 혹여 다른 과 인턴이 이 중요한 필름을 가로채 갈까 봐, 자기 과 인턴 숙소의 캐비닛 위에 안 보이게 잘 챙겨둔 것이다. 꼬리가 밟힐까 봐 대출 카드도 일부러 적지 않은 채. 그러고는 업무 인수인계를 할 때 그 사실을 새까맣게 잊어버리곤 지방의 자매 병원으로 로테이션되어 내려가 버린 것이다. 원래 남의 일이 되고 나면 내 머릿속에선 쉬이 잊히는 법이니까. 고생하긴 했어도 어쨌거나 해피엔딩이었다.

어느새 근 20년이 지난 이야기다. 술자리의 안주거리로 여러 번 등판한 터라, 어디까지가 실제 상황이고 어디부터가 과장이며 어디가 뻥인지는 기억이 잘 나지 않는다. 하지만 사람이 간절히 원하면, 우주가 아니라 캐비닛은 가아끔, 우리가 원하는 것을 슬쩍 내려주기도 한다. 몇 년 전, 전임 정부의 비리 증거 뭉치가 청와대의 캐비닛에서 불쑥 발견된 것을 생각해봐도, 캐비닛은 보통 영물이 아닌 게 맞다니까.

자고로
전통은 도제식

의대 교육을 흔히들 '도제식'이라고 한다. 도제
라는 말은 아마도 대가Meister 밑에 들어가 오래 사숙하며 그
기술을 배우는 서구의 한 교육 방식을 의미하는 듯하다. 의학
교육도 예전에는 그런 식이었는지 모르지만 현대는 그렇지 않
다. 의대 학생도 다른 전공들처럼 학교에 등록해 중간, 기말고
사 보고 학점을 따는 과정을 거치므로 현대의 의학 교육은 엄
밀한 의미에서 도제식 교육이라 하기엔 무리가 있을 것 같다.

그럼에도 불구하고 '도제식 의학 교육'이라는 말이 널리 퍼
진 이유는 아마도 의사 집단의 강한 동료 의식이나 폐쇄성, 엄
격한 상하 관계 같은 다소 전근대적인 습성이 6년간의 의대 재
학 동안 함양되기에 그런 것 아닐까. 실제로 의대 교육, 특히

본과 교육은 종합대학 안에서도 다른 과와 완전히 차단되어 의대 학생을 대상으로만 이뤄진다. 특히 졸업 후에도 대부분 동일 계열의 병원에서 인턴 레지던트 과정을 밟게 되므로 의대생과 의사들은 짧게는 6년, 길게는 10여 년을 제한된 인원끼리 어울리며 지낸다. 그러니 오랜 시간 함께하며 자연스레 폐쇄적인 위계를 가진 집단이 된다.

의대뿐만 아니라 비슷한 유형의 폐쇄적인 집단들에게서 쉽게 볼 수 있는 특징 가운데 하나가 엄숙한 '의례'를 만들어내 '전통'이라는 이름으로 계승하는 것이다. 그 의례들은 물론 나름의 의미를 갖지만, 잘못 이해되면 외부에는 특권 의식과 배타성을 드러내는 것으로, 내부로는 권위주의적인 질서를 강요하는 것으로 변모되는 부작용을 낳는다.

의대의 의례 중 '본과 진입식'이란 것이 있다. 학교마다 좀 다를 듯한데, 예과 2년을 무사히(그러니까 낙제나 유급 없이) 마치고 본과 1학년으로 진급하는 후배들을 본과의 최고 학년인 4학년들이 환영하는 행사다. 요즘은 어떤지 모르겠지만, 20여 년 전의 우리 학교 본과 진입식에서는, 술을 마셨다. 것도 아주 많이. 별다른 세레모니는 없었던 것 같다.

한 학년에 120명씩이니까, 모두 한자리에 모이지는 못하고 학생회에서 조를 짠다. 1학년 10명 남짓, 4학년 10명 남짓이 한 조가 되는데 보통 술집의 큰 방을 빌려서 선배가 내려주는 술을 후배가 받아 마시는 식이었다. 얼마나 오래된 전통인지는 모른다. 분위기의 삼엄함만 보면 3천 년 정도 된 전통 같지만 설마 그럴 리는 없고. 하여간 한껏 권위를 과시하는 4학년이 술잔을 내리면 1학년은 심각한 얼굴로 받아 마신다. 지금 생각해 보면 조직폭력배들 회식 모습 같기도 하다.

물론 그중에는 체질적으로 술을 못 먹는 사람도 있고, 기독교인도 있고(이슬람교 신자도 있을 수 있고), 건강이 안 좋은 사람도 있을 수 있기 때문에, 선배들도 후배들이 '최선을 다해서' 술잔을 받는 모양이면 많이 안 먹는 걸 딱히 뭐라고 하지는 않는다. 하지만, 언제나 그 1학년 중엔, 그 전통과 삼엄함에 과하게 심취한 나머지 앞장서서 선배들이 내리는 술잔을 과하게 퍼마실 준비가 된 아이들이 몇 섞여 있기 마련이다.

1995년 초의 그날, 안암장이었는지 설성반점이었는지 기억나지 않는 지저분한 중국집의 뒷방에서 나와 박 군은 그렇게 빈속에 고량주 두 병을 원샷했다. 행사가 시작되자마자 벌어졌던 일이다. 마셔본 사람은 알겠지만 맨 정신인 빈속에 고량주를 과량 마신 사람은 신묘한 경험을 하게 된다.

일단 위가 따뜻해진다. 금방 내 위의 위치와 정확한 모양을 알게 되며 10분 정도 지나면 슬슬 웃음이 나온다. 선배들이 하나도 무섭지 않아지며 20분 정도가 지나면 노래를 부르고 싶어진다. (대부분 멀쩡한) 나머지 20여 명의 사람들은 그 아이들의 노래와 춤을 보며 천천히 술을 마시고 탕수육을 먹으며 정겹게 대화한다. 그렇게 1시간 정도 지나면 춤 추고 노래하던 아이들은 잠이 드는데, 근처 여관에 데려다 재우고 나머지 사람들은 맥주를 마시러 가면 된다. 이때 주의할 점! 그들이 자다가 토해서 기도가 막힐 수 있으니 고개는 반드시 옆으로 돌려놓고 재운다.

다음날, 나는 학교 앞 허름한 여관의 바닥에 이불도 안 깔고 누워 자다가 깼다. 박 군은 내 옆에서 자고 있었다. 그 역시 여관 바닥에 엎어져서 고개를 옆으로 돌린 채 자고 있었는데, 박 군의 입 주위론 직경 20센티미터 정도의 토사물이 원반을 이루고 있었다. 그날 다른 조 바보를 맡았던 김 군은 학교 앞 마을버스 정류장 바닥에서 같은 자세로 발견되었는데, 등교 중이던 다른 과의 착한 학생들이 깨워서 꿀물도 사주고 목욕탕에도 데려다주었다고 한다. 도대체 저 인간들은 왜 저러냐는 질문에 누군가는 대답했을 것이다. "쟤들은 도제식으로 교육

받잖아.”

　나중에 들어보니, 요새는 병원 실습을 돌기 전 동아리나 동
문회가 아닌 학교에서 주최하는 ‘화이트코트 세리머니’라는
행사를 한다고 한다. 그 소식을 전해 들은 신문 기사에는 ‘의사
의 상징인 흰 가운을 입혀주는 전통 행사’라고 적혀 있는데, 전
통 행사인지는 모르겠다. 적어도 내가 본과 3학년이 되어 실습
을 시작하던 20년 전에는 없던 행사였으니까. 에릭 홉스봄 Eric
Hobsbawm은 그의 저서 《만들어진 전통》에서 현대에 우리가 따
르는 대부분의 ‘오래된 전통’이란 것은 그 전통을 중시하는 이
들이 주장하는 것보다 훨씬 최근에, 현대의 필요를 위해 생긴
것이라 했는데, 길게 잡아야 10여 년 전에 ‘만들어졌을’ 우리
학교의 화이트코트 세리머니는 지금 학교의 어떤 필요로 창안
되어 전통이란 이름을 달게 되었을까.

나의 살던
의국은

의학 드라마 용어를 하나 배우고 넘어가자. 의학 용어 아니고 의학 드라마 용어. 의학 드라마에 자주 등장하는 '의국'이란 단어는 어떤 의미일까. 병원에서 의국이란 용어는 한마디로 딱 부러지게 정의하기 어렵다. 한자어로 된 의학 용어가 대부분 그러하듯, 그 기원은 일본의 병원에서 출발한 것으로 추정된다. 보통 '정신과 의국', '내과 의국' 식으로 표현된다.

의국이란 단어는 '해당 과에 속한 모든 의사들의 추상적 집합'이란 의미로 쓰이기도 하고(ex. 이번 정신과 의국 회식은 엄마손 감자탕에서 합니다. 무단 불참자는 일주일 야간 당직형에 처함), '해당 과 사람들이 사용하는 사무실'을 뜻하는 공간적 의미로 쓰이기도 하며 (ex. 어제 한 레지던트가 숨어서 휴대용 버너에 짜파구리를 끓여먹다가 정신과 의국에서 불이나 총액 3만 2천 원의 재산 손해가 발생했습니다), 레지던트를 마치고 나간 뒤에는 '동문회'라는 의미로 쓰이기도 한다(ex. 이번에 의국 선배가 술 먹고 토하는데 옆에서 등 두드려 주다가 새로 산 코트에 튀어서 마누라한테 혼이 났지 뭐야).

레지던트 4년 수련을 마치고 전문의 시험을 통과해 그 전공과의 전문의가 되면 일단 의국을 나오게 된다. 그것을 '퇴국'이라 부르며, 의국에선 그를 위해 '퇴국식'을 열어 축하도 하고 밥도 먹고 패도 준다(패주는 거 아닙니다). 이후 전임의 시절을 거쳐 교수가 되어 65세 정년까지 학교에 머무르는 사람도 있지만, 개업을 하거나 다른 병원에 취직한 사람에게 의국은 말하자면 일종의 떠나온 '친정'이 된다.

과거에 삶의 중요한 한때를 보낸 곳, 소속된 사람으로 별별 사건을 다 겪었던 곳, 그때는 그게 지겹고 싫어 죽겠어서 빨리 떠나고 싶기도 했던 곳, 결국 그곳을 떠나 이젠 독립해서 살고 있지만 가끔 그립기도 하고 생각이 나기도 하는 곳. 그래서 가끔 생각이 나면 찾아가기도 하는데, 그 시절 사람들을 만나면 때론 지난 이야기로 즐겁기도 하고, 때론 '어우, 이 인간들은

83

어째 예나 지금이나 달라진 게 없지? 내가 이래서 예전에도 그렇게 힘들었지' 싶어서 또 한동안은 정나미가 떨어지기도 하는 곳이 의국이다.

그렇게 생각해 보면 의국이란 친정보다는 '고향'의 이미지에 더 가까운 것도 같다. 또 한편으로는 고향이나 친정 같은 공간의 느낌도 있지만, 돌아가신 부모라든가, 떠나온 옛 동네를 이사 가지 않고 지키고 있는 옛 친구 같은 사람의 느낌을 주기도 한다.

사실 의사들에겐 의국이 그런 곳이지만, 세상의 어떤 직종, 어떤 집단에 속한 사람인들 그런 '나의 과거와 연결되어 있는 추억의 공간/인간' 하나가 없을까 싶다. 모두에게는 저마다의 의국이 있는 게 아닐까.

소위 '어른'이 된 지금은 다들 험한 세상에서 어찌어찌 내 밥그릇 챙기는 법을 배우며 살아가고 있는 것 같다. 어떻게든 내 몸 누일 공간 하나 확보해 그 안에 자신만의 철옹성을 지은 이들은 어지간해선 새로 만난 사람에겐 친근함을 허락하지 않는다. 굳이 남의 말을 듣고 자기 생각을 고칠 이유도, 여유도, 의지도 없다. 어떻게 보면 안정된 삶, 점잖은 삶이라고 말할 수도 있겠다.

그런 삶에서 추억은 어느 순간, 느닷없이 나타난다. 갑자기 다가와 내 뒤통수를 툭 하고 치거나, 장난스럽게 목을 조르거나, 기억도 잘 나지 않는 예전 별명으로 날 부르며 반말로 안부를 묻는 사람이 하나쯤은 튀어나온다. 그럴 때면 그 사람들과의 기억의 총합으로서의 의국, 혹은 고향, 혹은 모교, 혹은 친정, 혹은 도망쳐 나온 옛 조직(?)에 대한 감정이 왈칵 달려드는 것이다. 그것은 추억일 수도, 향수일 수도, 아니면 혐오감일 수도 있다.

딱히 누가 찾아오지 않는다 하더라도, 혼자만의 철옹성에 웅크리고 있는데 불현듯 그 모든 것의 기억이 밀려들 때 나는 지난 세월의 '아이'의 모습을 마주한다. 그 순간의 마음을 굳이 '퇴행'이라 부를 필요까지 있을까.

인간은 성인기 이후에도 계속 성장한다. 정신과 선학들은 성장기 이전에 끝냈어야 할 발달 과정의 숙제를 다 마치지 못하면 성인기 이후의 삶에 적응하기 힘들다고 말한다. 하지만 그 말이 정말 사실이라면, 그래서 문득 '다 큰 어른'이 아이와 같이 퇴행하기도 하는 법이라면, 그런 일이 일어나는 장소는 의국이 아닐까.

그러니 어느 날 불쑥 나타나 낮술을 받아달라는 선배나 불쑥 나타나 저녁을 사달라고 하는 후배나 불쑥 나타나 같이 노래나 부르지 않겠냐고 하는 친구가 있다면, 아무것도 묻지 말고 한번 그가 하자는 대로 해보는 것도 괜찮지 않을까. 그의 말대로 하고 나면 어쩌면 한동안 나를 힘들게 했던 '내 안의 작은 아이within child'의 심통을, 조금은 달래볼 수 있을지도 모르니까.

다 큰 어른의
분노 발작

비록 남의 학교지만, 연세대학교의 좋은 점 중   87
에 하나는 한글 혹은 우리말 사랑의 전통이 아닐까 한다. 아마
교수로 재직했던 한글학자 외솔 최현배 선생의 영향일 것이라
추측해 본다. 학교 안에 한글탑도 있고, 학생들이 이용하는 생
협의 매장 이름을 슬기샘이니 무슨 샘이니 하는 식으로 지은
것도 좋아 보인다.

알다시피 연세대는 연희전문학교와 세브란스의전의 합병으
로 탄생한 학교다. 그런 연유로 의과대학은 연세대 일반 학과
와 약간은 다른 분위기가 있는 것도 같다. 연세대 의과대학 역
시 영어, 독어, 라틴어 일색이던 의학 용어를 쉽고 고운 우리말
로 옮기는 일에 앞장섰다. 정신과 영역에서도 마찬가지로, 유

1장 나는 그저 가만히 듣습니다

럽권 언어를 그대로 쓰거나 일본식 조어가 난무하던 의학 용어를 번역/재번역하는 데 있어서 연세대학교 의과대학의 공은 높이 살만하다. 그런데, 때론 의욕이 앞서 웃지 못할 용어가 생기는 일도 있다.

𖠣

정신과 용어 중 'Temper Tantrum'이라는 말이 있다. 보통 '분노 발작'이라고 번역한다.《상담학 사전》에서는 이 단어의 뜻을 이렇게 적고 있다. 그 모습을 떠올리며 찬찬히 읽어보자.

"자연적 또는 사소한 자극으로 유발되는 분노 혹은 짜증. 유아나 아동에게서 흔히 나타난다. 주로 욕구가 충족되지 않고 좌절될 때 분노를 폭발적으로 강하게 표출하는데, 울거나, 소리지르거나, 발을 구르거나, 발길질을 하며 뒹굴거나, 펄쩍펄쩍 뛰거나, 숨을 몰아쉬면서 호흡이 가빠지거나, 몸이 뻣뻣해지는 등의 증상행동으로 나타난다. 아동의 분노 발작은 부모가 아동을 일관성 없이 지도할 때, 아동으로 하여금 화를 전혀 표출하지 못하도록 억제할 때, 아동의 행동을 일일이 과도하게 지적하고 비판할 때, 아동에게 생긴 모든 문제에 관해 필요 이상으로 과민하게 걱정할 때 나타날 수 있다. 이러한 부모의 양육태도와 상관없이 아동이 극히 피로하거나 배고플 때, 아플 때도 나타날 수 있다."

물론 정도가 심하면 전문적인 도움이 필요하겠지만, 가벼운 정도의 분노 발작은 주위의 아이들에게서 어렵지 않게 볼 수 있다. 위의 인용문을 읽다가 문득 이웃의 몇몇 아이들을 떠올린 사람도 있을 것이다. 이 '분노 발작'이라는 용어를 연세대 한글 의학 용어 사전은 어떻게 옮겨놓았을까? 흠, 좀 놀랍지만 '지랄침'이라고 등재해 놨었다. 나는 기본적으로 한글 전용론자이고, 한자어보다 토박이말을 더 많이 쓰는 일상을 지지하는 편이라 좀 웃기는 번역이 있더라도 연세대 의대의 노력에 지지를 보내는 입장이었다. 하지만 아무래도 지랄침은 좀 과한 것 같기는 하다. '생떼 부림' 정도면 무난하지 않았을까? 지금은 다시 바뀐 걸로 아는데, 정확하겐 모르겠다.

하지만 생각해 보면, '욕구가 충족되지 않고 좌절되는 일 앞에서 울거나 소리 지르거나 발을 구를' 수 있는 아이 때는 차라리 행복할 때다. '충족되지 않는 욕구 앞에서 발길질'을 할 수도, '펄쩍펄쩍 뛸' 수도 없는 어른이 되면, 그저 잘해야 '숨을 몰아쉬면서 호흡이 가빠지거나 몸이 뻣뻣해지는' 신체 증상으로 자신의 분노 혹은 짜증을 호소할 수밖에 없으니까. 어른이 된다는 것은, 역시 좀 슬픈 일일까.

그러니 우리 모두 서로를 '일관성 없이' 대하지도 말고, '화를 전혀 표출하지 못하게' 하지도 말고, 서로 '과도하게 지적하고 비판하지도' 말고 다만 즐겁게 생활하기를. 혹시 내 앞의 친구가 전에 없이 울거나 소리 지르거나 발을 구르고 있다면, 도대체 왜 이러냐고 정색하며 따져 묻지 말고 슬쩍 모른 척해주기도 하고. 사실 이런 걱정 또한 친구에게 생긴 '모든 문제에 관해 필요 이상으로 과민하게 걱정하는 것'인지도 모른다. 지금 내 앞에서 고래고래 소리를 지르며 난동을 부리고 있는 저 친구는 그저 극히 피로하거나 배고픈 것일 수도 있는데. 그땐 그 친구에게 조용히 물어보자. '너, 나랑 만두 먹으러 갈래?'

한국형 프로이트는
굉장히 바빠

대부분의 학문은, 아주 오래전부터 존재해 왔
다. 인간의 역사와 기원을 같이하는 학문들도 많다. 또 그렇게
까지 오래되지 않은 학문이라도 대개는 그 시작을 특정하거나
창시자를 대기 어렵다.

수학을 창시한 사람은 누구인가. 영문학을 '만든' 사람이 누
군지 아는 사람이 있을까? 지리학을 발명한 사람은 누구지?
화학을 누가 언제 어디서 만들었는지 아느냐는 질문은 논리적
으로 타당하기나 할까?

하지만 놀랍게도, 정신과학 혹은 정신분석학은 누가 언제
어디서 어떻게 만들었는지 명확하다. 이 학문은 19세기 오스
트리아의 빈에서 지그문트 프로이트Sigmund Freud가 '만들었'

다. 조용하고 차분한 성품이었다고 전해지는 이 유태인 골초 의사는, 인간의 무의식이 갖는 의미를 임상 진료의 영역으로 끌어들이면서 20세기 중 가장 '핫했던' 학문 중 하나의 시조가 되는 영광을 누렸다.

물론 프로이트에게도 그의 연구에 많은 영향을 준 스승들이 있고, 그의 이론은 현재의 정신과학-정신분석학-심리학으로 넘어오면서 많은 부분 수정되기도, 때론 부정되기도 했다. 프로이트의 이론에 전적으로 반기를 들고 만들어진 학파도 있다. 하지만 누구도 이 바닥의 태초에 오로지 프로이트가 있었다는 사실을 부인하지는 못한다. 정신과 역사에서 프로이트의 존재는 '무의식의 연구'란 찬란한 업적으로 빛나는, 일종의 콜럼버스의 달걀과도 같다.

신경과 의사로 자신의 커리어를 시작한 프로이트는, 잘 알려진 '안나 오Anna O 증례'를 연구하면서 무의식의 존재를 탐구하기 시작했다. 원인을 알 수 없는 마비 증상으로 자신을 찾아온 환자를 보살피면서, 그는 무의식에 관한 연구에 푹 빠져들었다. 이전에도 니체Nietzsche를 위시해서 무의식에 관심을 가졌던 학자는 있었지만, 프로이트는 신경증적 갈등의 원인으로서의 무의식 연구를 열어젖혔고, 이로써 정신의학의 발전에 한

획을 그었다.

무의식 안으로 들어가는 열쇠를 찾기 위해서, 프로이트는 초창기에는 최면을 사용하기도 하고 꿈 분석과 말실수를 연구하기도 했다. 하지만 최종적으로 그가 찾아낸 열쇠는 '자유연상free association'이라는 방법이었다. 책에서는 자유연상을 이렇게 설명하고 있다.

"정신분석적 상담기법 중에서도 핵심적인 것으로, 내담자는 자유연상을 하는 동안 보통 긴 안락의자에 눕고, 상담자는 그 옆이나 뒤에 앉아 내담자의 주의를 분산시켜 생각과 감정이 자유롭게 떠오르는 것을 방해하지 않도록 한다. 자유연상을 하는 과정에서 증상과 관련된 과거의 경험이나 기억들이 차츰 드러나게 되며, 상담자는 이를 통해 내담자의 증상이 무의식적으로 어떤 의미를 지니는지를 이해하게 된다."

《상담학 사전》의 설명은 아주 고전적인 프로이트의 상담 설정을 보여준다. 이 고전적 세팅에서 내담자-환자는 일주일에 4회 이상, 1회 1시간 이상의 분석과정을 거친다. 환자나 상담자-의사 입장에서 모두 상당한 노력이 소요되는 일이다. 시간도 시간이지만, 상담료 또한 어지간한 재력가가 아니면 쉽지 않은 수준이다.

그리하여 20세기 후반부터 21세기에 걸쳐 좀 더 자유로운 형식의 상담 설정들이 제시되었다. 좀 덜 자주, 좀 덜 길게, 좀 더 저렴하게. '정신분석적 정신치료' 같은 좀 어색한 이름을 달기도 하면서. 이제 일반적으로 정신과에서 진행하는 상담 설정은 프로이트가 환자를 돌보던 시절과는 많이 달라졌다.

그 노력의 연장선에서, 21세기 초 대한민국 수도 서울에 위치한 모 대학병원 정신과에서는 도전적인 레지던트들에 의해 획기적인 '정신분석 기법'이 시도되기 시작했다. 프로이트의 자유연상을 뛰어넘는, 무의식의 세계로 직행할 수 있는 빠른 직통 통로다. 이를 '한국적 정신분석'의 새 장이라 할 수 있을까.

그 레지던트들은 제한된 연구 환경과 부족한 연구비 때문에, 안전성이 확보되지 않은 이 새로운 기법을 환자에게 적용시켜 볼 순 없었다. 그러나 용기 있는 탐험가였던 이 레지던트들은, 자기 몸을 기꺼이 의학 발전을 위한 실험 도구로 내던졌다. 아아, 그 아름다운 명단의 말석에 내 이름이 적혀 있음은 안 비밀.

내가 레지던트 1년 차로 정신과에 입국하던 봄, 2년 차였던 선배는 우리 동기들을 앉혀 놓고 말했다. "정신과에 온 걸 환영해. 알겠지만 우리는 굉장히 바빠. 너희의 무의식에 뭐가 들었는지 궁금하긴 한데, 너무 바빠서 퇴행, 자유연상 같은 과정을 거칠 시간이 없어. 그런데 네 무의식을 우리가 보긴 봐야 하잖아? 그러니까 빨리 마셔. 어어, 꺾지 말고 원샷해. 그래야 빨리 취하지. 시간 없다니까? 빨리 네 무의식을 내놔."

북적이는
방 의사의 작은 방

　　　　　　　아이가 막 말을 배워가던 때의 이야기다. 세상 모든 인간의 아이가 그러하듯, 우리 아이가 제일 먼저 배운 말은 '엄마, 마마, 맘마'에 해당하는 말이었다. 그 뒤론 아빠도 하고 함미(할머니) 하비(할아버지)도 하면서 귀여움을 받았다.

　하나둘 어휘를 늘려가던 중, 아이가 '의사'라는 단어를 배웠을 때의 이야기다. 아직 어린아이니까, 발음을 똑 부러지게 하진 못하고 의사를 '이샤'라 발음했다. 의사는 아는데, 내과니 안과니 소아과니 하는 전문 분야는 아직 몰랐다. 하지만 이름은 몰라도, '이샤'들이 하는 일이 제각기 다르다는 것은 어렴풋이 알았던 건지 아이는 나름의 꾸밈말을 만들어 각 이샤들을 구분했다.

한 예로, 아이는 치과 의사를 '맘마 이샤'라 불렀다. 아마 이를 치료하는 의사니까, 이로는 맘마를 먹으니까 '맘마 이샤'였던 모양이다. 그때, 아이의 발상이 신기해서 그럼 정신과 의사는 어떤 의사냐고 물어봤다. 몇 번 아빠 직장을 찾아왔던 적이 있던 아이가 갸우뚱거렸다. 아빠의 진료실엔 의자 하나, 책상 하나, 소파 하나가 있었을 뿐이니까. 잠시 궁리하던 아이는 말했다. "방 이샤." 방만 있으면 되는 세상 간편한 의사, 방 의사. 어허, 그렇구먼. 나는야 방 의사.

사실 맞는 말이다. 피 검사도 엑스레이도 CT나 MRI도 정신과에선 부가적인 것들이다. 특별한 경우가 아니면 정신과에선 주사기 쓸 일도 별로 없다. 물론 정신과 의사의 진료 스타일도 천차만별이라 사람에 따라 별별 기구를 다 들여놓고 검사를 많이 하는 사람도 있고, 온갖 치료 기구를 다 사용하는 사람도 있으며, 언어 치료사나 놀이 치료사 같은 직원을 채용해서 일하는 사람도 있다. 하지만 딱 간호사 한 명, 진료실 한 칸과 대기실 정도만 차리고 일을 하는 사람도 적지 않다. 그러니 꼬마의 말대로 정신과 의사는 기본적으로 '방 의사'일 수밖에.

생각해 보면 단출하니 이것 참 좋은 직업이다. 아늑한 방 하나와 편한 의자 몇 개 있으면 환자를 볼 수 있으니, 정신과 의

사라는 직업은 어찌 보면 현대 사회에서 가장 덜 '장치 산업적'
인 직종일지도 모르겠다. 명색이 '이과'에 해당하는 직종인데,
많은 경우에 방 의사는 이과보단 문과에 가깝다. 주사기도, 엑
스레이도, 물리 치료기도 없는 그 최소한의 공간을 채우는 것은
결국 '환자의 말'이다. 정신과 의사에게는 환자의 이야기가 진
단의 자료요, 경과 판정의 기준이요, 치료 종결의 바로미터다.

병원에서 흔히 하는 이야기로, 의사는 자기가 진료하는 범
위만큼 세상을 안다는 말이 있다. 심지어 이런 농담도 있다. 수
술하는 의사는 자신이 담당한 수술 범위만큼의 배포를 갖는다
는 말. 이를테면 배를 확 열어놓고 수술하는 외과 의사에 비해
현미경을 끼고 작은 수술 필드를 담당하는 안과 의사는 섬세
하고 예민하며, 덜 호탕하다고.

배우는 자기도 모르는 사이에 자기가 주로 연기하는 배역과
비슷한 삶을 살게 된다고도 한다. 가수는 자신이 부르는 노래
의 주인공처럼 된다는 말도 있다. 인생의 슬픈 역정을 주로 노
래하던 가수가 불행하게 자살이라도 하게 되면, '가수는 자기
노래처럼 된다더니' 하는 말을 저잣거리에서 많이 하지 않나.
결국 일하면서 만나는 경험 세계라는 것은 그 사람의 생각과
성향, 심지어는 운명까지 결정하기도 한다.

정신과 의사에게는 그가 근무하는 '방'이 세계다. 출근하여
근무 시간 내내 그 방에 머물러서이기도 하지만, 결국 그 방에
서 만나는 사람을 통해 세상을 배우고 바라보니 그러하다. 의

사라는 집단은 어찌 보면 '세상물정 모르는 백면서생'들로 구성된 것 같지만, 모두들 직업이라는 창으로 세상을 보듯, 의사도 환자를 통해 보게 되는 세상이 적지 않다.

때로는 그 방에서 만난 인연 때문에 세상에 대한 묘한 선호를 갖게 되기도 한다. 내겐 정희 씨를 치료하면서 겪은 일이 대표적이다.

정희 씨는 많이 호전되어 안정적으로 외래 통원 치료를 받고 있던 조현병 환자였다. 피해망상이 주된 증상이었고, 일하던 직장에서 경쟁 업체 직원들이 자신을 흉보고 해코지한다는 망상과 환청으로 오래 고통받았다. 다행히도 적절한 시기에 병원을 찾았고, 적극적인 치료로 호전되었다. 내가 치료를 맡기 전에 이미 전임 선생님이 잘 치료해 주셔서, 나는 유지 치료만 잘하면 되는 상황이었다.

정희 씨는 짧지 않은 입원 치료를 마치고 다시 직장을 구해 일상으로 돌아갔다. 일은 고되고 불안정했다. 비정규직이었고, 심지어 파견 노동자였다. 호전이 된 상태였지만 가끔 정희 씨는 망상의 수준에 이르지는 않는 약한 정도의 생각들로 힘들어했다. 하지만 그녀는 잘 버텼다. 나도 그녀의 증상이 파도처럼 왔다가 물러가는 과정을 오래 지켜보며 도왔다.

환자가 없어서 한가하던 어느 날, 나의 작은 방에서 이리저리 웹서핑을 하다가 뉴스 하나를 보았다. '비정규직의 정규직화'가 중요한 사회적 이슈였고, 경영진의 결단으로 파견 노동자를 직접 고용하기로 한 회사들의 소식이 들려왔다. 정규직이 된 직원들의 애사심이 함양되면서 생산성이 높아지면, 직접 고용으로 인한 인건비 부담을 능가하는 수익이 발생한다는 이야기도 있었다. 그 미담의 주인공인 회사 명단에는 정희 씨가 다니던 회사도 있었다.

다음 외래에 온 정희 씨의 얼굴은 밝았다. 그녀의 말을 통해, 나는 뉴스에서 들었던 객관적 사실을 실물로 확인했다. 이후로도 정희 씨는 여전히 가끔씩 힘들어했지만, 그 빈도와 정도는 확연히 줄어들었다. 그 모습을 보는 나도 물론 많이 기뻤고, 마트에서 물건을 살 때는 으레 정희 씨네 회사의 제품을 골랐다. 비록 얼마 더 비싸다 하더라도.

나의 진료실은 작은 방이지만, 가끔은 그 안에서 세상의 온갖 간난고초를 들으며 경험하고, 환자의 표정을 통해 사회의 이슈를 체험한다. 그럴 때면 나의 작은 방은 작지만 큰 방이 된다. 이 방이 나의 직장이면서 학교다. 그런 의미에서, 나는 방의사라는 이름은 참 그럴듯한 이름이구나, 하고 생각한다.

단 하나의 이유가
맞지 않는 이유

가족의 손에 이끌려 온 환자. 주증상은 망상과 환청. 진단은 의심의 여지없이 명확한 조현병. 오랜 시간, 환자는 여러 병원에서 입퇴원을 반복했다고 한다. 한동안 꾸준히 치료를 받으며 증상이 잘 조절되는 것 같았는데, 몇 달 전부터 약을 안 먹으려 하더니 결국 다시 환청과 망상이 심해져 입원이 불가피하게 되었다. 환자와 면담을 하고, 보호자에게 이런저런 사항을 묻고, 입원 결정을 내리고 나서 환자를 입원 병동에 올려 보냈다.

일단 환자가 병실로 들어가고 난 다음 다시 보호자를 만났다. 현재 환자의 상태와 앞으로의 치료 계획에 대해서 설명했다. 희망을 주고 싶지만, 큰 호전을 기대하기 힘들 것 같다고.

하기 싫지만 해야 하는 말도 잊지 않고 전한다. 가족은 속상해 하지만, 설명에 동의하고 수긍한다. 궁금한 것이 있으면 물어 보시라고 가족에게 말한다. 한참을 머뭇거리던 가족이 묻는다. "그런데요, 선생님. 이제 와서 뜬금없는 말이지만, 저희 어머니 는 도대체 왜 저런 병에 걸린 거죠?"

어떤 결과가 있으면 그 원인을 알고 싶어 하는 것이 사람의 당연한 마음이다. 병에 걸린 사람은 자신이 그 병이 걸리게 된 단 한 가지 결정적인 원인을 찾고 싶어 한다. 전 담배를 많이 피워서 폐암에 걸린 건가요? 저희 아버지도 고지혈증이었는 데, 제 고지혈증은 유전이겠죠? 제가 고기를 많이 먹어서 당뇨 에 걸린 건 아닐까요? 정신과 환자들의 보호자들은 이렇게도 묻는다. 그때 큰 충격을 안 받았더라면, 그때 내가 좀 더 잘 돌 봤더라면, 그때 그 사람과 결혼하지 않았더라면, 그때 돈이 좀 더 많았더라면, 병에 걸리지 않았을까요?

그럴 때 의사가 말해줄 수 있는 정답은 뭘까. 혈우병의 유전 에 관한 것이라든가, 호수에서 헤엄치다가 뇌로 들어간 아메 바로 인한 발작을 설명할 때는 병의 원인에 대한 질문에 '네' 혹은 '아니요'라고 명쾌하게 답해줄 수도 있겠다. 하지만 안타 깝게도, 그렇지 않은 경우가 더 많다.

병의 인과관계는 생각보다 불명확하다. 의사가 할 수 있는 최선의 답은, "그럴 수도 있지만 꼭 그렇지만은 않아요"다. 그럼 나는, 우리 어머니는, 우리 아버지는, 도대체 왜 저 고약한 병에 걸린 거예요? 의사는 답한다. 유전도, 환경도, 생활습관도, 스트레스도, 모두 병의 원인과 관련되겠지만 가장 큰 원인은 '랜덤'이에요. 조현병도요.

랜덤. 그렇다. 그냥 걸린 것이다. 아니, 엄밀히 말하면 현대의학은 아직 모든 원인을 통제하지 못하니까, 아직 모든 병의 모든 인과관계를 알지 못한다고 표현하는 것이 더 맞겠다. 하지만 쉽게 표현하면, 그러니까, 무작위, 랜덤. 물론 고기 섭취가 늘어나면 대장암에 걸릴 확률은 올라간다. 하지만 확률이다. 채식주의자도 대장암으로 40대에 죽을 수 있고, 삼시세끼 고기를 달고 사는 사람도 대장암 안 걸리고 장수할 수 있다. 그러니 고기를 먹고 대장암에 걸리는지 아닌지는 '랜덤'이라고 감히 말하는 것이다.

이런 이야기를 들으면, 사람들은 보통 허탈해한다. 믿지 않는 사람도 있고, 드물게는 화를 내는 사람도 있다. 랜덤이라니, 그런 무책임한 말이 어디 있어요. 그럼 아무렇게나 살아도 되겠네요? 운동도 안 해도 되고, 체중 감량도 안 해도 되고, 건강

검진도 안 해도 되고?

아, 미안해요. 내가 전달을 잘못했네요. 병이 랜덤으로 생긴다는 건 그런 의미로 한 말은 아니고요. 우리가 알고 있는 건강 상식은 대부분 유효해요. 술을 끊으면 간질환이 줄고, 체중을 줄이면 당뇨에 걸릴 확률이 떨어지죠. 제 말은, 아무리 조심해도 어쩔 수 없이 걸리는 병이 있다는 거예요. 그리고 우리가 그병에 걸린 '단 하나의 이유'는 없다는 말이고요. 어머님의 지금상태는 지금껏 살며 겪은, 헤아릴 수 없이 많은 원인의 종합적인 결과예요. '그때, 그거 하나'를 피한다고 해서 지금의 상태에 오지 않게 만들 수 있는 건 아니라는 말을 드리고 싶었던 겁니다. 혹시 보호자분 때문에 어머니가 저렇게 된 거 아니냐는 생각을 하신다면, 그러지 않으셔도 된다는 말을 드리고 싶어요. 아직까지 치료의 끈을 놓지 않고 계시는 것만으로도, 최선을 다하고 계신 거예요.

※

언젠가 아이랑 같이 본 〈스타워즈〉 에피소드 1의 마지막 장면이 떠오른다. 위기에 몰린 아미달라 여왕은 간곡하게 건간족의 도움을 청하고, 그 진심에 감복한 족장은 여왕에게 힘을 보탠다. 많은 사람의 희생이 있었지만, 하나가 된 나부 사람들은 무역 연합의 악당들을 물리치고 승리를 가져온다. 최종적인 승리를 축하하는 개선의 행진과 축제가 벌어지고, 여왕과 족장이 기쁘게 '평화!'를 외치며 에피소드는 끝이 난다.

유쾌해 보이는 이 장면이 사무치게 서글픈 이유는, 우리가 스타워즈 시리즈의 그다음 이야기를 알기 때문이다. 영원할 줄 알았던 평화는 덧없이 깨지고, 동지인 줄 알았던 자는 적이 되어 등에 칼을 꽂는다. 사랑하는 사람들은 헤어지고, 희망과 기대는 무너지며, 세상은 아주 오랫동안 어둡고 차가운 곳이 된다. 감격에 겨워 평화가 왔음을 선포하던 저 당시엔 감히 짐작하지도, 알지도 못했던 참혹한 미래. 그 미래를 알지 못하는 저들의 밝은 웃음은, 이미 미래를 알고 있는 관객의 눈에는 깊은 비극이다.

나에겐 소설가 이태준의 여행기《소련기행》을 읽는 마음이 그러하다. 해방 후 월북한 이태준은 소련 군정청의 후원으로 제2차 세계대전이 끝난 직후의 모스크바 등 소련 각지를 돌아보고 이 기행문을 썼다. 아마 자신들에게 우호적인 조선 지식인들을 포섭하기 위한 소련 군정청 공작의 일환이었을 것이다. 해방 1주년 기념식 준비가 한창인 1946년 8월 10일, 이태준은 소련 공군기로 평양을 떠나 모스크바로 향한다.

해방 1년 뒤인 1946년 8월은 어떤 시공간이었을지 생각해 본다. 남과 북에서 모두 해방을 감격해하며, 그러면서 이젠 일상이 되어버린 해방, 그다음의 업무가 되어버린 건국 과업의 무게에 짓눌려가며 이건 좀 아니지 않나 갸웃거리며, 그래도 조만간 미군과 소련군이 철수하면 제대로 된 (당연히 분단되지 않은) 나라가 서겠지 기대하며, 도망간 친일파 놈들은 어디 갔는지 궁금해하며, 설마 그놈들이 또 기어 나오는 건 아니겠지 걱정도 하며, 그래도 속죄하면 끼워는 주자고 배포도 부려가며, 흉흉하게 들려오는 전쟁에 대한 예측 같은 건 애써 부인하며 보냈을 1946년 8월 15일.

모스크바로 향하는 중간 기착지인 시베리아 앙가라 강변, 군용기 안에서 밤을 보내며 이태준은 적었다.

'공기 청징한 앙가라 강변 잔디밭에서 조고만 풀렉시 창으로 시베리아의 별들을 바라보며 잠드는 것이 나는 반드시 아름다운 꿈을 꿀 것 같었다.'

지나간 간난고초의 세월, 그 세월을 이겨낸 자의 자부심 (이태준은 일제강점기 말기를 낙향과 절필로 칩거한 탓에 친일 논란에서 자유로운 몇 안 되는 문인이 아닌가) 그리고 다가올 새 세상에 대한 한 점 의심 없는 기대와 설렘.

그리고 우리는 이태준의 기대를 잔인하게 저버린, 전쟁과 살육으로 얼룩진 한반도의 참혹한 미래를 알고 있다. 그리고 결국 김일성에게 숙청되어 광산에서 목숨을 잃었다는 이태준의 최후까지도. 책 곳곳에 박혀 있는 그의 자부심과 기대가 크고 맑을수록, 70년이 지나 그 글을 읽는 후대의 마음은 무겁다.

'아, 해방된 조선의 하늘! 이 아름다운 청자 하늘을 우리는 지금 날으고 있는 것이다! 농민, 노동자, 학자, 정치가, 예술가 이렇게 인민 각층에서 모인 우리가 농중에서 나온 새의 실감으로 훨훨 날며 있는 것이다. 권력의 독점자들만이 날을 수 있던 이 하늘을.'

1945년 해방과 1950년 전쟁 발발 사이의 5년. 그때 우리가 무엇을 좀 더 잘했더라면, 무엇이 좀 더 원활했더라면, 최소한 전쟁이나 분단을 피할 수 있었을까. 새 세상 건설을 너무 낙관했기 때문이었을까. 아니면 그때 이미 그 앞길이 비관적이라 다들 지레 포기했기 때문일 수도 있다. 불과 4년 뒤 시작된 참혹한 시절을 1946년의 남북 중 누구라도 알았더라면, 다른 모든 것을 포기하고 내주더라도 막으려 하지 않았을까.

하지만 어쩌면 그런 것은 애초에 가능하지 않았을지도 모른다. 그렇기 때문에 우리는 평행 우주라는 개념에 그렇게 매혹되는지도 모르겠다. 우리에게 선택할 수 있는 찰나의 순간이 있었을지도 모른다는 생각. 그때 우리는 순전히 '랜덤'으로 사소한 잘못된 결정 하나를 내렸고, 그 작은 결정이 일종의 나비효과가 되어, 결국 지금의 무참한 파국을 가져오게 되었다는 생각. 그리고 이 광활한 우주 공간의 어딘가 또 다른 평행 우주가 있어서, 그곳의 우리는 전쟁도, 분단도, 대립도 없이 하나된 독립국에서 남들처럼 오손도손, 혹은 아웅다웅 살고 있진 않았을까 하는 생각.

나는 그 어리석은 전쟁의 결과로 70년째 아파하고 있는 철책선 이쪽저쪽의 사람들에게, 이렇게 이야기하고 싶다. 우리가 전쟁을 하고 분단이 된 '단 하나의 이유'는 없을 거예요. 우리의 현재는 지금껏 우리가 겪은, 헤아릴 수 없이 많은 일의 종합적인 결과예요. '그때, 그거 하나'를 피해서, 지금의 상태를 피할 수 없었다는 말을 드리고 싶었던 겁니다. 혹시, 잘못된 결정하나 때문에 우리가 이렇게 된 거 아니냐는 생각을 하신다면, 그러지 않으셔도 된다는 말을 드리고 싶어요. 아직까지 희망의 끈을 놓지 않고 있는 것만으로도, 우리는 최선을 다하고 있는 거예요.

감정 없는 자들의
심리 상담

얼마 전 인터넷에서 '한방 수의학'이라는 분야를 접했다. 이건 도대체 뭐지? 한의사가 수의학 쪽으로 진출하는 건가? 아니면 반대로 수의사가 한의학 쪽으로? 찬찬히 들여다보니, 한의사가 동물을 진료하는 건 아니고 수의사가 한약을 이용해 동물을 진료하는 것을 가리키는 모양이다.

그걸 보고 있자니 뭐랄까, 묘한 기분이 들었다. 나중엔 '수의 정신과'도 생기는 건 아닐까? 저 몰티즈는 왜 저렇게 아무 데나 대소변을 보는지, 저 샴 고양이는 왜 저렇게 다른 고양이와 싸움질만 하는지를 상담하고 진료하는 것이다. 지금은 그 수요를 위해 반려 동물 조련사 쪽에서 서비스를 제공하는 모양이지만, 요즘처럼 반려 동물 시장이 커지는 추세라면 나중엔 그런 업종이 생길지도 모를 일이다. 아니, 이미 수의학에는 '정신과' 세부 전공이 마련되어 있는 걸까? 그때를 대비해서 나도 동물과의 심리적 소통을 좀 준비해야 하는 것일까? 수의사와 정신과 의사는 나중에 동물 심리 치료를 놓고 밥그릇 싸움을 벌이게 되려나? 아내가 고양이 털 알레르기가 있는데, 이거 어쩌지?

아니면, 인류의 미래는 아예 동물 심리 따위를 고려할 필요도 없는 상황이 될지도 모르겠다. 그러니까 미래엔, 대소변도 잘 가리고 싸움질도 안 하고 전염병 주사를 맞을 필요도 없는 AI 반려동물이 보급되어서 AI 개발자들이 정신과 의사와 수의사를 모두 몰아내고, AI를 위한 상담 센터를 차지하게 될지도 모르겠다. 실제로 영화 〈블레이드 러너〉의 원작이 된 필립 딕Philip K. Dick의 소설 《안드로이드는 전기양의 꿈을 꾸는가?》에는 동물 종의 극단적인 멸종 이후, 아주 부자들만 반려 동물을 키울 수 있는 사회가 나온다. 대부분의 사람들은 저렴한 AI 동물밖에 키울 수 없고.

'AI를 위한 상담'에 관해서는 SF 소설의 아버지 격인 아이작 아시모프Isaac Asimov의 작품 중에도 비슷한 이야기가 나온다. 그의 작품의 주요 등장인물인 수잔 캘빈 박사는 로봇 심리학

자다. 프로이트가 정신분석을 창시하고 그 이론이 지성계의 많은 관심을 받던 시대의 영향을 받아 그랬는지, 작가는 고도로 발달된 로봇은 심리적 갈등을 겪게 되며, 미래의 로봇 회사에서도 그 문제를 담당하는 인물은 사내에서 상당히 중요한 위치를 담당하게 되는 것으로 묘사했다. 아무래도 인간뿐만 아니라 동물이나 로봇에게도, 정신적인 고민은 해결되지 않는 숙제인 모양이다.

사실 이는 동물과 로봇을 넘어서 '우주적'인 문제이기도 하다. 자신이 외계인의 초대를 받고 그들의 우주선은 물론 그들의 행성까지 다녀왔다며, 그 외계인들이 지구인을 창조했고 자신은 외계인들의 대사로 임명받았는데, 언젠가 다시 돌아올 그들을 위해 대사관을 지어야 한다고 주장하던 프랑스의 기인 '라엘Claude Vorilhon Rael' 씨. 그의 책《우주인의 메시지》를 보면, 지구인을 창조한 외계인들의 문명은 우리가 상상할 수 없을 정도로 발전해 있어서 모든 질병을 정복했기에 병원도 의사도 존재하지 않는다고 한다. 다만 한 가지, 그들도 대인 관계 등의 문제로 징기적으로 상담을 빋기 때문에 정신과 의사는 존재한다고.

반려 동물은 물론이고 로봇에게도, 심지어 외계인의 세계에서도 정신 상담 서비스가 존재해야 한다니, 아 우리 직업의 미래는 밝구나. 그러니 대한신경정신의학회 춘계 학술대회는 어두컴컴한 방 안에 모여서 PPT 틀어놓고 갑론을박할 게 아니라 당장 미래와 우주를 향해 나아가야 할 것인데. 아니, 엄청난 블루오션이 우리 앞에 펼쳐져 있다니까요.

　이런 생각을 하며 학회장에서 꾸벅꾸벅 졸고 있는데, 어느새 내 옆에 온 형들이 자꾸 강의는 그만 듣고 나가서 놀자고 한다. 하긴. 어제 퇴근하면서 "내일은 춘계 학회라 출근 안 하고 학회장으로 바로 갑니다"라고 윗분께 인사했더니 그분이 환하게 웃으시면서 '그동안 수고 많았으니 가서 하루 푹 쉬고 와요'라고 화답하더라. 아니, 지금 우리는 학회 핑계 대고 노는 것이 아니라니까요! 우리는 인간과 반려 동물과 로봇과 외계인을 위해 한시도 쉴 틈이 없다니까요!

외딴 정신병원의
해명

사람들 사이에 떠도는 유언비어란 대부분 시간
이 지나면서 잊히기 마련이지만, 그중에서도 몇 가지는 세월
을 버티며 끝끝내 살아남는다. 거기에 몇 가지 그럴듯한 증거
(라기보다는 그에 얽힌 그럴싸한 스토리)가 더해지면 꽤나 설득력
있는 '도시 전설'이 되기도 한다.

유언비어가 도시 전설이 되려면 사람들의 마음을 끄는 무언
가가 있어야 하니까. 도시 전설의 탄생은 그 전설이 태동한 사
회의 시대상을 반영할 수밖에 없다. 예를 들어, '민족정기를 끊
기 위해 일제가 박은 쇠말뚝' 같은 말은 미진했던 친일파 청산
에 대한 인식과 반성의 분위기를 타고 널리 퍼졌다. 그런 전설
이 갖는 나름의 순작용도 있었겠지만, 과도한 민족주의나 '국

뽕'을 조장하는 부작용을 낳기도 하며, 더 나아가 유사 역사학과 줄이 닿으면 이상한 기염을 토하기도 한다.

한동안 화제가 되었던 '곤지암 정신병원'에 관한 근거 없는 이야기들도 그러한 도시 전설의 좋은 예다. 외딴 곳에 위치한 병원, 그것도 정신병원, 심지어 폐쇄된 정신병원의 존재는 사람들의 호기심을 자극하는 좋은 소재다.

폐쇄된 채 방치된 건물 같은 것은 어느 시골에서나 어렵지 않게 찾아볼 수 있는 것이지만, 정신병원에 대한 선입견과 황량한 그곳의 풍경이 맞아떨어지면서 곤지암 정신병원은 엉뚱하게도 '귀신이 나오는 심령 스폿'으로 사람들에게 인식되었다. 심지어 외국 언론에까지 그 존재가 알려지면서, 곤지암 정신병원에 대한 호사가들의 입방아는 더욱 거세졌다. 오로지 그곳을 방문하기 위해서 한국에 입국하는 일본인 심령 오타쿠까지 있다고도 들었다. 도대체 그곳에선 무슨 일이 있었던 것일까.

❧

한마디로 말해서, '아무 일도 없었다'가 정답이다. 한때 정상적으로 운영되던 평범한 정신병원이었다가, 그저 상수원 보호와 관련된 몇 가지 행정적 문제와 경영난을 이유로 폐업한 곳이다. 이후엔 그 부지를 사겠다는 마땅한 구매자가 없어 팔리지 못해서 방치되었고, 결국 소유자 가족이 홀렁 이민을 떠나고 난 뒤 시간이 흐르면서 자연스레 흉물스러운 폐건물이 되었을 뿐이다. 이후 누군가에 의해 그곳에 '입원했다가 살해당한 환자의 원귀'니 '숨겨진 생체 실험장'이니 하는 기괴한 서사가 따라붙었고, 사람들의 관심을 끌더니 종국에는 세계적인 '심령 스폿'까지 되었다.

곤지암 정신병원에 관한 이야기 또한 다른 도시 전설들처럼 그 발생에 우리 사회의 시대적 맥락이 닿아 있다. 정신질환자에 대한 전문적인 치료 시설이 턱없이 모자라던 70, 80년대엔 무슨 '복지원'이니 '기도원'이니 하는 이름의 비의료 수용 시설들이 상당수 존재했다.

물론 당시에도 헌신적으로 정신질환자를 돌보는 운영자들이 많았지만, 뭔가 수상한 일이 일어나는 곳들도 없지는 않았다. 의사도 병원도 적던 시절, 정신질환에 대한 올바른 사회적 견해 같은 건 없던 시절이었다. 나라를 뒤흔들었던 부산 형제복지원 사건 때, 그곳 입소자의 상당수는 제대로 된 절차 없이 강제 수용된 정신질환자였다고 전해진다.

세월이 지나 사회가 발전하면서, 이제는 정신 의료 시설이 오히려 과공급인 수준에 이를 정도로 의료 서비스가 보편화되었다. 만성 정신질환자에 대한 접근 또한 입원과 수용이 아닌 지역 사회 재활에 초점이 맞춰지고 있다. 입원 환자에 대한 인권 보호가 강조되면서, 이제는 입원을 필요로 하는 정신질환자 대부분이 법에 의해 보호되고 상식적인 의료 서비스를 제공받는다. 하지만 아직도, 편견 속의 정신병원이란 곳은 후미진 변두리의 희고 음산한 (왠지 1년 365일 내내 구름이 껴 있거나 추적추적 비가 내릴 것 같은) 건물, 무표정하고 건장한 남자 직원들, 강제로 붙들려 와 알 수 없는 약물을 투여받은 채 멍한 표정으로 침을 흘리는 '멀쩡하고 억울한 사람들'로 연상되는 것 같다.

물론 대부분의 사람들은 이런 이미지가 현실과 다르다는 것을 안다. 대중문화 속의 이런 스테레오타입은 그저 호기심을 자극해 돈벌이로 삼으려는 기제임도 안다. 하지만 사람의 마음이란 밋밋한 현실보단 혹시 그 이면에 있을지 모르는 음모 같은 것에 끌리는 법.

얼마 전에는 이 기괴한 도시 전설을 다룬 영화까지 만들어졌다. 정신병원과 정신질환에 대한 좋지 않은 인식을 심어준다며 관련 단체에서 상영금지 가처분 신청을 한다는 말도 들은 것 같은데, 잘 안 되었던 모양이다. 영화는 대박까지는 아니지만 나쁘지 않은 흥행 성적으로 막을 내렸다. '외딴 정신병원'에서 일하는 나는, 또 한동안 사람들의 야릇한 관심을 받게 되겠구나 싶어서 씁쓸했다.

정신과에 대한, 특히나 만성화된 정신질환에 대한 인식은 예전에 비해 월등히 개선된 것이 사실이지만, 아직도 갈 길이 멀다. 현대의 정신병원엔 남몰래 숨겨진 무서운 일도 없고, 드라마틱한 기승전결의 사연도 없다.

그저 그곳엔, 세세한 부분까지 국가의 통제를 받으며 지루할 정도로 뻔하고 반복적이지만 가장 검증되고 안전한 방법으로 여러 정신장애인을 돌보는 사람들이 있을 뿐이다. 그리고 그들과 함께 오랜 세월 병고와 싸우고 있는 환자들이 병동에 살고 있다. 앞에도 말했듯, 치료의 추세 또한 장기 입원보다는 지역 사회 재활을 도모하는 쪽으로 바뀌고 있으니, 조만간 정신질환자 입원 시설 자체도 많이 줄어들게 될 것이다.

그러니 여러분은 괴이한 심령 스폿 같은 수식어에 혹하지 마시고, 정신질환에 대해서는 두려움과 호기심보단 관심과 애정을 주시고, 동네에 정신병원이 생긴다고 할 때 너무 반대하지 말아주시기를. 정신병원이라고 맨날 언덕 위의 하얀 집일 수는 없으니까요. 주거지와 가까워야 환자들이 쉽게 다니고, 쉽게 다녀야 재발 없이 증상 조절이 잘 되고, 그래야 가끔 생기는 안타까운 사고가 일어날 확률이 떨어지니까요.

니, 이 무 봤?
덴뿌라와 이북만두

118 　　　　　　　　　자랑은 아니지만 나는 먹고 싶은 음식도, 가리
는 음식도 많다. 대단한 미식가는 아니지만 음식에 관심도 많
고 호불호도 확실하다. 아내에게는 미안하게도, 음식에 관해선
주는 대로 군말 없이 먹는 좋은 남편이 아니다.

이렇게 된 데는 물론 내 까다로운 성미 탓이 제일 크겠지만,
굳이 남 탓을 하자면 내 입맛을 길들인 어머니와 외할머니 역
할이 적잖다고 농담처럼 이야기하곤 한다. 두 분 다 꽤 요리를
잘하는 축이었고, 내가 성장한 70, 80년대를 생각하면 레시피
도 남달랐다.

외할머니는 구한말 개항장이었다가 일제강점기에는 일본의
대륙 침략 기지가 된 함경남도 원산 출신이다. 일제강점기에

는 꽤 번화한 곳이었을 것이다. 외할머니의 친정은 원산에서 상업에 종사하며 나름 부유하게 살았다고 한다. 그곳에서 당시로는 드물게 고등여학교도 졸업했고, 성인이 된 후엔 일본 유학까지 마치고 온 외할아버지와 결혼했다.

외할머니만 빼고 언니와 오빠들은 일본으로 유학 가서 대학까지 마쳤다. 본인은 공부를 싫어하고 놀기를 좋아해서 유학을 안 보내줬다고 말하곤 하셨는데, 지금 생각해 보면 세 자녀를 바다 건너 유학 보낸 외할머니의 부모가 적적한 마음에 막내딸만은 옆에 두고 싶었던 것은 아닐까 싶다.

결혼 후에 외할머니는 외할아버지의 직장을 따라 조선과 만주의 이곳저곳을 돌아다니며 생활했다고 한다. 해방 후엔 기독교 신자의 이런저런 이유로 전쟁 직전 월남했다. 외할머니는 입담도 좋았는데, 인민군의 감시 초소 밑에서 한탄강을 건너 내려오던 이야기는 어린 내가 듣기에도 얼마나 박진감 넘치고 흥미진진했는지 모른다.

그런 복잡다단한 과정을 거쳐, 함경도 음식을 기반으로 조선 각지와 만주의 음식이 섞이고, 일본에서 오래 산 남편의 입맛까지 더한 외할머니만의 범 동아시아적인 레시피가 완성되었다. 미각과 손재주가 남달랐던 외할머니는 거기에 자신의 취향을 더해 화려하고 찬란한 메뉴의 소유자가 되었다. 외할머니의 맏사위였던 아버지는 신혼 4년 동안 처가살이를 했는데, 그때 태어난 나는 외할머니 식단의 최대 수혜자가 되었다.

외할머니는 당신의 외손주였던 나에게 열렬한 사랑을 퍼부었는데, 충분히 예상할 수 있듯 그 사랑은 주로 음식의 형태로 표현되었다. '소울푸드'라는 말이 유행할 때, 나의 소울푸드는 외할머니의 그 범 동아시아 음식들이지 않을까 생각했다. 나의 영혼에 깊이 새겨진, 함경도와 만주와 일본과 조선 각지의 미각들이여. 나중에 아버지와 어머니가 분가해 나온 뒤에도, 외할머니는 가끔 찾아오는 손주에게 잔뜩 솜씨를 부려 산더미 같은 음식을 차려 하나하나 먹이곤 이렇게 말했다. "니, 이 무
반?" 이 말은 중국어가 아니다. 함경도 말씨를 기본으로 일본말이 섞이고, 오래 거주하던 부산의 말씨가 뒤섞여 특이한 화법을 구사하던 할머니가 하던 말로, 현대어로 풀어 쓰자면 이렇게 된다. "너 이렇게 맛있는 음식을 먹어봤어? 이것도 먹고 저것도 빨리 먹어."

그 음식들 중 핵심이 바로 '덴뿌라'와 '이북 만두'다. 먼저 덴뿌라 이야기를 해보자. 외할머니의 덴뿌라는 간단히 말해 돼지고기 튀김이다. 중국집 메뉴의 꽃인 탕수육에 소스를 뿌리지 않은 '찍먹'의 형태. '찍먹 천국, 부먹 지옥'을 외치며 가끔 터지는 찍먹부먹 전투에 찍먹 측 전사로 사양 않고 참전하지만, 사실 찍먹 탕수육과 덴뿌라는 다른 음식이다. 탕수육은 고기 튀김과 달콤한 전분 소스 두 가지가 조화롭게 섞인 음식에

합당한 이름이기에, 사실 탕수육만을 이야기하자면 부먹이 맞다.

찍먹 탕수육과 돼지고기 덴뿌라의 가장 큰 차이가 여기 있다. 중국집 탕수육은 기본적으로 소스가 부어질 것을 감안하고 만들어지기 때문에 소스가 담당할 분량의 염분과 촉촉함의 여지를 남겨놓는다. 따라서 덴뿌라의 고기는 소스가 담당할 염분만큼 더 짜야 하며, 튀김옷은 딱 그만큼 더 촉촉해야 한다.

어떤 친구는 서울 을지로에 딱 그만큼의 염분과 촉촉함을 담아낸 덴뿌라를 튀겨내는 맛집이 있다며, 나를 그곳에 데려가지 못해 영 아쉬워한다. 하지만 덴뿌라를 먹고 싶을 때마다 을지로까지 갈 수는 없는 처지라 외할머니의 덴뿌라가 그리워질 때는 어쩔 수 없이 동네 중국집에 가서 소스를 뿌리지 않은 탕수육을 주문할 도리밖에 없다. 팍팍한 신도시의 삶이여.

만두는 또 어떠한가. 돼지고기, 부추, 물을 꽉 짜낸 숙주와 두부, 양념을 대충 씻어낸 김치를 넣고 만드는 만두소의 중요성이야 두말할 나위가 없다. 감사하게도 덴뿌라와 달리 만두는 이 콘크리트투성이인 신도시에서도 약간의 품을 들이면 그 만두소에 필적하는 가게를 만날 수 있다. 하지만 못내 아쉬운 것은 만두피다.

외할머니는 만두피를 직접 만들었다. 밀가루를 치대서 방망이로 밀어 넓게 펴고, 주전자 뚜껑으로 찍어서 만들었다. 주전자 뚜껑도 그 크기가 제각각이지만, 외할머니 만두는 누가 뭐

121

래도 크긴 컸다. 내로라하는 식품 브랜드들에서 만드는 '왕만두'도 그 크기에 대적할 수 없다. 두 개만 먹어도 배가 찰 만큼 큰 만두. 나이 들어 밀가루를 치대거나 방망이로 밀기에도 근력이 달리게 된 외할머니는 결국 시판 만두피를 받아들일 수밖에 없었는데, 두고두고 그 '이남' 만두피의 조졸함을 타박했다.

이쯤에서 뭔가 이상하다고 여기실 분도 있을 것이다. 그렇게 찬란한 레시피를 자랑하는 외할머니 밑에서 입맛을 키웠다는 사람이 왜 함경도 음식의 고갱이인 함흥냉면과 가자미식해 이야기가 없느냐고. 덴뿌라니 만두니 맛있는 건 알겠는데 너무 애 입맛 아니냐고.

아, 외할머니는 내가 어른의 입맛을 갖추기 전에 세상을 떠났다. 그렇게 고이시던 맏외손주가 재수 끝에 대학에 들어가던 겨울, 내 합격 소식을 듣고 며칠 뒤 오랜 병석을 떠나 당신이 평생 그리던 하늘나라로 갔다. 외할머니 못지않은 입담꾼인 어머니가 전한 바에 따르면, 내 합격 소식을 듣고 할머니는 '이제는 내가 떠나도 되겠구나'라고 말하며 빙긋 웃었다는데, 사실로 다 받아들이기엔 너무 드라마틱한 이야기다. 뾰족구두를 신고 원산 바닥을 또박또박 걸어가던 외할머니 모습이 바로 엊그제 같다며 아내의 빈소에서 눈물짓던 외할아버지가 뇌일혈로 쓰러진 것은 할머니 가시고 딱 백 일이 되던 날이었다.

　어느 날 아침, 지인이 쓴 평안북도 신의주와 중국 임정 그리고 식민지 조선과 일본풍이 가미된 '청파동 김밥'에 관한 글을 읽고, 이제는 맛볼 수 없게 된 외할머니의 덴뿌라와 만두 생각이 났다. 나는 주기적으로 대기업에서 출시한 군만두를 먹고 동네 중국집에서 찍먹 탕수육을 시켜먹지만 그것은 다 지나가버린 시대에 대한 헛된 그리움이요, 모방일 뿐이다. 사라진 소울푸드는 영원히 내 혀에 돌아오지 않을 것이다. 외할머니가 좀 더 오래 사셨더라면 내 먹부림에 함흥냉면과 가자미식해가 추가되었을지도 모르지만, 이제 모두 지난 일이 되었다.

123

2장

가늘게 반짝이는
순간

우리는 모두
그럴 거라고 믿었지

　　이제는 우리 병원에 입원한 지도 꽤 오래된, 병이 생긴 지는 더 오래된, 파파 할머니 만성 조현병 환자 순옥 씨가 있다. 친자식이 없는 그의 보호자 노릇을 하는 조카의 말에 따르면, 순옥 씨는 병에 걸리기 전에 이래저래 고생도 많았고, 흔히 말하는 대로 '팔자가 험했던' 모양이다. 한국의 그 나이대 할머니 치고 팍팍하지 않은 삶이 어디 있으랴만, 순옥 씨가 살아온 삶의 간난고초는 남다른 데가 있었다. 하지만 그 구구절절한 이야기를 여기서 풀어놓는 것은 생략한다. 전쟁과 가난을 겪은 한국인의 삶이란 게, 다 그렇지 뭐.

　　내가 우리 병원에 취직해 순옥 씨의 주치의를 맡았을 무렵 이미 그의 병은 회복하기 힘들 정도로 깊어져 있었다. '깊어진 만성 조현병'이라고 하면 사람들은 대체로 무엇을 떠올릴까. 온갖 약물 치료와 상담과 행동 치료로도 조절되지 않는 현란한 환청? 피해망상으로 인한 난폭한 행동? 온종일 알 수 없는 말을 중얼거리며 배회하는 것? 물론 그럴 수도 있다. 이것이 바로 앞서 말한 양성증상이다.

양성증상이 있으니 '음성증상'도 당연히 있다. 모든 사회적 활동으로부터 위축되는 철퇴, 정서적인 반응과 행동이 없어지는 둔마, 아무것도 하지 않으려는 의욕 저하 같은 것들이 음성증상이다. 물론 대부분의 환자가 그런 극단적인 양성증상이나 음성증상에 빠지진 않는다. 그중에 몇 가지가 정도를 달리해서 나타나는 것이 조현병이다. 보통 초기엔 양성증상이 우세하고, 병이 깊어지고 길어지는 경우 증상은 점차 음성증상으로 옮겨간다. 순옥 씨도 이쪽에서 저쪽으로 서서히 옮겨가고 있던 환자였다.

젊었을 때 순옥 씨의 주 증상은 정신병적 양성증상, 그중에서도 종교적인 내용의 환청과 과대망상이 주된 증상이었다. 순옥 씨는 자기 귀에만 들리던 하늘의 음성을 통해, 자신을 괴롭히던 지긋지긋한 월세와 공과금과 세상의 시시한 온갖 번뇌에서 벗어났다. 세계의 지도자가 되어 도탄에 빠진 인류를 구원해야 한다는 그녀의 망상은, 반복되어 들리는 하늘의 음성을 통해 그의 마음속에서 견고해져 갔다. 긴 세월 동안 그녀의 '현실 검증력'이라 할 법한 것들은 서서히 무너졌다.

현실의 모든 문법이 무너지고 새로 건설된 순옥 씨의 마음속에선 순옥 씨 자신이 세계의 지도자였다. 현실 속 순옥 씨는 가끔 들르는 조카 외엔 돌아보는 가족 하나 없는 외로운 처지다. 재산도, 친구도, 심지어 과거의 기억도 시나브로 다 사라진 외로운 처지. 하지만 순옥 씨는 언제나 자기 생각-망상 속에서 바쁘다. 세계의 지도자이니, 적어도 미국 대통령보다는 바쁠 수도 있다. 하지만 순옥 씨가 생각하는 세계 지도자는 생각보다 소박한 사람이다. 사람들에게 옷도 보내주고, 수도도 고쳐주고, 기름을 나눠주고, 잘 먹고 잘살게 해주는 사람. 순옥 씨는 늘 그 고민으로 분주하다. 망상 속의 조력자들과 회의도 하고, 그들의 목소리가 들리면 두런두런 이야기를 나누기도 한다.

긴 세월을 통해 순옥 씨의 병증은 몰려왔다가 가기도 하고, 때에 따라 더 심해지거나 덜하거나 하며, 망상의 내용도 이리저리 변해갔다. 아직 젊었던 한때, 순옥 씨는 자기 동네 관공서의 단골 민원인이기도 했다. 하늘의 뜻을 펼쳐야 하는데, 공무원들이 자기를 돕지 않는다고 때론 불같이 화를 내기도 하고 가슴을 치며 답답해하기도 했다고, 조카는 자기가 전해들은 순옥 씨의 옛 이야기를 들려줬다.

세월이 흘러 나를 만났을 때 즈음의 순옥 씨는 양성증상의 분량은 점차 줄어들고, 그 자리를 음성증상들이 채워가고 있었다. 순옥 씨는 여전히 하늘의 소리를 듣고 있으며 자신이 세계의 지도자라고 생각하지만, 그 사실을 받아주지 않는 세상에 대한 들끓는 분노와 미움은 사라졌다. 증상 자체가 사라진 것이었다면 정말 좋았겠지만 그렇진 않았고, 그 생각들에 대한 집착이나 몰두가 사라진 상태였다. 그는 그저, 조용해졌다. 혼자 조용히 앉아 있는 순옥 씨에게 다가가 묻는다. 요샌 세상이 알아주지 않아서 서운하지 않느냐고, 순옥 씨는 별다른 표정도 없이 덤덤하게 말하곤 한다. '서운하지. 사람들이 내 말대로만 하면 참 좋은데. 하지만 어쩌겠어. 들어주질 않으니 할 수 없지.'

　생각해 보면 환청이니 세계의 지도자니 하는 우리 눈에 낯설어 보이는 기이한 것들을 제외한다면, 조현병에 걸리지 않은 우리 삶이 그녀와 그렇게 많이 다를까 싶다. 젊어서 우리는 자신에게 특별한 재능이 있다고 믿고, 자기는 남들보다 나은 삶을 살 것이라고 믿고, 그런 자신을 이해해 주지 않는 세상에 대해 때로는 분노하고 때로는 절망하며 젊은 날을 보낸다. 그리고 한 살 두 살 나이를 먹으며 점차 자신의 한계를 인식하게 된다. 그러다 보면 중년의 호르몬이 마음을 흔들어 놓는 날이

오기도 하고, 점차 둔해지는 정서를 통해 예전 같으면 기쁘고 슬펐을 모든 자극들을 무덤덤하게 받아들이고 있는 자신을 발견하기도 한다. 세상에 대한 결기도 다 빠지고 난 그때쯤이면 결국 이렇게 말하게 되지 않을까. '아아 서운하네. 사람들이 내 말대로 하면 참 좋은데. 하지만 어쩌겠어. 들어주질 않으니 할 수 없지.' 이래저래, 조현병에 걸리건, 그렇지 않건, 사람 사는 모습은 뭐 그리 많이 다르진 않은 것 같다.

지나치게 가혹한
예정론

아직 아이가 초등학교 저학년이던 어느 날, 이 것저것 뒤적이던 아내가 물었다. '지문으로 아이의 적성을 미리 알 수 있고 진로까지 골라주는 검사가 있다는데, 이거 말이 되는 거야? 혹시 말이 되는 거면 우리 아들도 시켜볼까?'

처음 듣는 이야기다. 그게 도대체 뭔지 자세히 좀 이야기해 달라고 했더니, 요새 강남 학군의 부모들이 애들에게 많이 시키는 검사라고 한다. 사설 교육기관에 적지 않은 비용을 내면 아이의 지문을 검사해 주는데, 한 번 검사를 하면 그 아이의 특성과 장단점을 족집게처럼 집어주고(!), 아이에게 맞는 학습법을 알려줌은 물론(!), 나중에 진학할 대학의 전공과 학과까지 찍어준다는 것이다(!). 아내도 이게 말도 안 되는 소리 같긴 한데, 주위에서 적잖은 사람들이 검사를 해보곤 그럴듯하다고 하니 부모로서 중요한 걸 놓치는 것이 아닌가 하는 불안한 마음에 귀가 솔깃했던 것이다.

아이의 특성과 학습법은 물론 진학할 전공까지 알려주는 지문 검사라니. 일단 의학을 배운 입장에서 보기에는 좀 수상스러운 이야기 같다. 하지만 많은 사람이, 어지간히 양식 있는 사람들까지도 줄줄이 그곳에 가서 제 아이들의 지문을 검사받는다고 하니까, 혹시 내가 잘못 알고 있는 건가 의구심이 들기도 한다. 아내와 마찬가지로 나 역시 부모로서의 불안한 마음 때문일 것이다.

🌿

널리 알려져 있듯 지문은 사람마다 다르다. 지구상에 똑같은 지문을 가진 사람은 존재하지 않는다. 출생하기 전 엄마의 뱃속에 있을 때 생기는 지문은 한 번 생기면 평생에 걸쳐 바뀌지 않는다. 지문은 단순히 유전자의 DNA만으로 결정되는 것도 아니다. 몇몇 쌍둥이들은 유사한 지문을 갖고 태어나기도 하나, 지문은 태아가 태중에서 받는 압력이나 태아의 자궁 내 위치 같은 것에도 영향을 받기 때문에 설사 일란성 쌍둥이라 하더라도 지문은 같을 수 없다. 지금 잠시 책을 내려놓고 자신의 두 손을 보면 똑같이 생긴 두 엄지손가락도 지문만은 서로 다르다는 것을 알 수 있을 것이다.

그렇기 때문에, 지문은 한 사람을 다른 사람과 구별 짓는 가장 확실한 방법 중 하나로 꼽는다. 공항이나 경찰서에서 테러범이나 지명 수배범을 식별하는 가장 소중한 방법이기도 하고. 범죄 현장에 출동한 미국 드라마 〈CSI〉의 다정한 영웅, 길 그리섬 반장이 제일 먼저 꺼내드는 것도 지문 채취 도구인 것을 보면(물론 길 반장님의 범인들은 회를 거듭할수록 지문 정도로는 잡아들이기 힘든 기괴한 인물들로 진화하지만) 알 수 있다.

이처럼 지문은 세상 누구와도 같지 않기 때문에 고유한 것이고, 이 나만의 고유한 상징이 인체의 다른 부분—특히 뇌의 능력을 발휘할 학업 성적, 가장 효율적인 학습 방법, 더 나아가 그 학습을 통해 진학할 대학의 학과—과 관련되어 있을 것이란 발상은 상당히 그럴듯하다. 그리고 '단돈 몇 십만 원짜리' 간단한 검사만으로도 그 길을 훤히 알 수 있게 해준다는 것 역시 솔깃한 이야기가 아닐 수 없다. 아아, 그걸 알기만 하면, 한 번의 시행착오도 없이 한방에 우리 아이가 가장 '가성비 좋은' 학업 과정을 해내지 않을까?

가정의 모든 잉여 소득이 자녀의 사교육에 투여되고, 청소년기의 모든 시간이 입시와 진학 준비에 소비되며, 입시 대결전의 날엔 비행기가 뜨고 내리는 시간과 공무원의 출퇴근 시간까지 조절되는 이 나라에서, 과연 그 달콤한 유혹에 넘어간 사람들을 마냥 나무랄 수 있을까? 그 어떤 부모가 아이의 장래

133

특히 입시와 진학에 관한 장래에 대한 불안에서 자유로울 수 있을까.

·∴·

하지만 어쨌거나, 속이 빤히 들여다보이는 장삿속이다. 조금만 합리적으로 생각해 봐도 속지 않을 법한 저런 감언이설에 귀를 기울이게 되는 것은, 역시 입시와 진학에 관련된 부모의 마음이 아킬레스건이기 때문이다.

이 '지문 만능 결정설'은 그 논리적 배경이 너무나 빈약하다. 태아기에 완성되어 평생 변하지 않는 지문에 아이의 학습법과 진로가 다 담겨져 있다는 말은, 태어나서 엄마를 만나기도 전에, 그러니까 모든 사회화와 양육의 과정이 시작되기도 전에, 한 인간의 모든 것이 결정되어 있다는 뜻이 된다. 전 인생이 엄마 뱃속에서 다 결정되고, 개인의 노력 여하와 무관하게 지속된다는 것을 믿고 싶은가. 이건 너무 가혹한 예정론이다.

어떤 연구에 의하면, 대뇌의 신경 발달은 유아기 때 끝나는 것이 아니라 성인이 된 후에도 지속된다고 한다. 사람은 중년의 나이에 가장 활발한 신경 조직 연결을 갖게 된다는 연구도 있다고 한다. 앞으로의 연구가 어떻게 진행될지는 알 수 없지만, 모르긴 해도 점점 더 '어려서 결정된 한 사람의 인생'이나 '태어나기 전에 정해진 하늘이 내린 내 갈 길' 같은 것은 구시

대의 유물이 될 공산이 크다. 생각보다 많은 것이, 인생의 후반
전에 결정된다는 주장을 뒷받침하는 증거들은 속속 발견될 것
이다.

　하지만 사람의 마음이 어디 그런가. 귀에 와 닿는, 불안한 마
음을 위로해 주는 것은 솔직담백한 사실이 아니다. 과학적인
근거가 있고 없고를 떠나서, 들어보면 솔깃한 '이야기'에 사람
들은 쉽게 마음을 빼앗긴다. 사주와 팔자를 가지고 인생을 풀
어놓는 점술가들의 말에 마음이 쏠리는 것도 비슷한 심리 아
닐까. 신념의 문제이니 맞고 틀리고를 떠나서 그런 존재에 기
대고 싶은 마음이랄까. 절대적인 가치는 붕괴했으나 천편일률
적이고 절대적인 기준이 강요되는 시대를 사는 우리를 유혹하
는 솔깃한 뒷문.

135

　게다가 현대사회는 불확실성의 시대 아닌가. 세상은 우리에
게 미래에 관한 한 아무것도 보장해 주지 않는다. 전통사회에
서의 삶은 어느 정도 예측이 가능했다. 지주의 아들은 어지간
하면 지주가 되어 지주루 살다가 죽는다. 노비의 아들, 소작인
의 아들도 그 아비와 대동소이한 길을 간다. 하지만 지금은 다
르다. 비록 양극화가 심해지면서 신분 이동의 사다리 같은 건
진즉에 없어졌다고 한탄하지만, 그래도 우리 시대는 이전과
비교할 수 없는 신분 향상의 기회가 있다. 단 그 가능성은 개인
의 선택과 노력에 달렸으니, 불안을 잉태할 수밖에 없다.

사람의 재능을, 사람과 사람 사이의 궁합을, 사람의 미래와 일생을 간단하고 빠르게 미리 아는 방법은 사실 없다. 힘들고 귀찮고 비효율적이더라도 직접 가보고 겪어봐야 그 결과를 알 수 있다. 공부엔 왕도가 없다고 하지만, 왕도가 없는 것은 공부뿐만이 아니다.

　　스무 살 대학 입학 때 선택한 전공을 살려 일하면서 사는 사람도, 첫 직장에서 시작한 일을 나이 먹어서까지 하는 사람도 드문데 유치원 때 시행한 적성 검사가 평생의 직업을 알려준다는 것은 과한 기대가 아닌가. 심지어 엄마의 뱃속에서 결정되어서 죽을 때까지 변할 리 없는 지문이 그 아이의 평생 지능과 적성과 전공과 직업을 결정할 수 있다니.

　　사람은 그렇게 간단히 알 수 있는 존재가 아니다. 출신 지역, 학력, 키, 말투, 별자리나 혈액형, 심지어 손금 같은 요소들로 한 사람을 파악할 수 있다고 생각하는 것은 주제넘은 일이다. 그것은 그냥 '나는 온갖 선입견으로 범벅이 되어 상대방을 선부르게 판단하는 사람이오'라는 편협한 고백에 지나지 않는다. 선입견이란 것이 결국 상대방의 전체가 아닌 '일부를 이용한 과도한 범주화'일 텐데, 살다 보니 그 관용적인 인용들 대부분은 실체가 없다는 것도 알게 되었다. 그 실패의 사례들을 생각해 보면 확실히 느낌이 온다.

경상도 남자가 과묵하다지만 내가 아는 최고의 수다쟁이 남자는 부산에서 왔고, 술 잘 먹기로 강호에 소문이 자자하다는 K대 출신들 중 알코올 분해 효소 결핍자는 얼마나 많으며, 작은 고추가 맵고 키 작은 사람이 야무지다지만 살면서 단신의 덤벙이들을 난 많이 목격했다. 반대로 2미터가 넘는 키를 가진 농구 선수 서 모 씨를 보라. 어디를 봐서 그를 싱겁다 하겠는가. 코가 크면 그것도 크다는 말은 사우나 남탕에 가면 바로 그 얼토당토않음을 알 수 있다.

사실 '선입견을 통한 범주화'는 상대방을 빨리 파악하고 싶다는 욕망의 다른 표현이다. 별자리도, 혈액형도, 출신 지역도, 비슷한 욕망의 도구로 소비된다. 하지만 그 무엇도 결국 한 사람을 알아가는 데 드는 품을 절약해 주지는 못한다. 그를 알고 싶다면, 결국 긴 시간을 들여 그와 관계를 맺어보는 수밖에 없다. 시행착오로 인한 기회비용을 들여가면서 말이다. 공부도 마찬가지다. 아직 코흘리개에 불과한 어린아이에게 제시할 수 있는 '가장 효과적인 학습법' 같은 것은 없다. 세상 모든 일이 그러하듯이 자신에게 맞는 공부법, 자신이 가장 잘할 수 있는 전공, 자신에게 가장 어울리는 직업을 찾는 길은 어쨌거나 실패를 반복하면서 찾아가야 한다.

아버지가 은퇴하신 지도 벌써 오래되었다. 전쟁의 폐허 속에서 넉넉하지 않은 집안의 둘째로 태어난 아버지가 선택할 수 있는 직업의 폭은 넓지 않았을 것이다. 언젠가, 넉넉한 시대에 태어나서 아버지 마음대로 직업을 택할 수 있었다면 무슨 길을 가고 싶었는지 물어본 적이 있다. 아버지의 대답은 놀랍게도 첼리스트였다.

일을 그만두고 일흔이 넘어서 시작한 오카리나를 즐겁게 배우시는 아버지의 모습을 보면, 작은 아이였을 그의 모습이 떠올라 안타깝기도 하다. 이제는 노인이 되었지만, 전쟁이 막 끝난 서울의 북아현동에 살았던 그 아이의 지문엔 어떤 적성과 어떤 공부법이 쓰여 있었을까. 그런 건 며느리도 모른다. 아버지의 며느리인 아내에게 물었더니, 당연히 모른다고 한다. 우리 아이들의 미래도 마찬가지다.

자의적인 소견서와
금아 선생의 실크 햇

진단서나 소견서는 병원의 여러 임상과에서 많
이들 쓰겠지만, 그 외에도 정신과엔 환자 상태를 보고해야 하
는 다양한 서식이 존재한다. 만성질환자가 많은 정신병원에서
는 환자의 비자의非自意적 입원이 불가피하게, 자주 발생하기
에 더욱 그러하다.

보건소, 구청, 법원 등 주로 관공서에 제출하는 경우가 많고
은행 같은 금융기관에 필요한 경우도 많다. 그러다 보니 서류
에 쓰이는 대부분의 용어와 문장 들은 그 수가 굉장히 제한되
어 있고 톤은 딱딱하다. 이를테면 '상기 환자는 상기 상병 진단
하에 상기 기간 동안 본원 폐쇄 병동에 입원해 약물 및 상담
치료 중인 바…' 같은 것이다.

20년 가까이 비슷한 문장을 거의 매일 쓰다 보니, 솔직히 이제는 많이 진력이 난다. 그렇다 해도 공문서를, 그것도 환자의 필요에 의해서 쓰는 것을 내가 즐겁기 위해 라임과 리듬을 맞춰 쓸 수는 없는 법. 하지만 가끔 상대적으로 중요하지 않은 문서를 쓸 때는, 한 번쯤 호기롭게 창의력을 부려볼까 하는 유혹에 시달리기도 한다.

이를테면 어제도 비슷하게 쓰고 그제도 똑같이 썼던, '본 환자는 퇴원 후 가족의 돌봄 등 사회적 지지 기반이 부족하여'라는 소견서의 문구를 오늘도 똑같은 문투로 적다 보면, 왠지 '본 환자는 본디 사고무친하여'라고 한 번쯤은 적어보고 싶어지는 것이다. 만약 그렇게 적는다면, 아마 나는 그 낯섦에 혼자 감개무량해서 흐뭇해할 테지.

과연 세상에서 내가 부릴 수 있는 '재량'의 범위는 어느 정도일까. 금아琴兒 피천득 선생은 수필 〈나의 사랑하는 생활〉에서 '나는 삼일절이나 광복절 아침에는 실크 햇을 쓰고 모오닝을 입고 싶은 충동을 느낀다. 그러나 그것은 될 수 없는 일이다. 나는 여름이면 베 고의적삼을 입고 농립을 쓰고 짚신을 신고 산길을 가기 좋아한다'고 적었다.

내가 학교 다니던 시절엔 이 지문을 주고 '지은이는 왜 실크 햇을 쓰지 못한다고 했는가'를 묻는 국어 문제가 있었다. 그 주입식 질문에 대한, 우리의 주입식 정답은 딱 하나로 정해져 있었다. '우리 풍습에 맞지 않아서.'

'지은이가 이 글을 쓴 50년대에는 서울에 실크 햇을 살 수 있는 영국식 양장점이 없었기 때문에', '대학 교수 봉급으론 실크 햇을 갖춘 양복 정장은 너무 비싸니까', '쪽팔려서'. 이 대답들은 사실 모두 정답이고, 심지어 모두 '우리 풍습에 맞지 않아서'라는 큰 카테고리 안에 포괄되는 답일 수도 있겠지만, 우리 입시 교육 시스템 안에선 가차 없이 오답이었다.

물론 나는 성실한(또는 약은, 혹은 현실적인) 학생이었기 때문에, 기출문제 중에서도 기출문제였던 저 문제가 나올 때마다 어김없이 '우리 풍습에 맞지 않아서'라고 정답을 적기는 했다. 하지만 거의 매번, 다른 답을 적고 싶은 충동을 느꼈음을 부인할 수 없다. 왜? 왜 다른 답은 안 되는 건데? 당신이 금아 선생께 직접 물어봤어?

어찌 보면, 금아 선생이 삼일절이나 광복절에 실크 햇을 쓰고 모오닝 코트를 입고 싶은 충동을 느낀 이유도 같지 않을까 싶다. 왜? 왜 쓰면 안 되는데? 왜 입으면 안 되는데? 법에 그렇게 정해져 있어? 나도 그 틈에 끼어서 슬쩍 한번 외쳐본다. 왜? 왜 진단서는 조사 빼고 전부 다 한자어로 써야 하는데? 구어체로 쓰면 잡아갈 거야?

사실 안 될 것은 없다. 의료법의 어느 한구석에도 진단서나 소견서의 모범 예문은 없다. 구어체가 아닌 문어체가 필수 사항이란 법도 없다. 모든 진료 의뢰서에 '고진선처'라는 사전에도 없는 관용어를 사용하란 말도 없다. 하지만 언젠가부터, 누군가부터 하나같이 그리 쓰고 있다. 관습이라면 관습인데, 별로 아름답지도 유용하지도 않은 고약한 관습. 어쩌면 언젠가 백마를 탄 초인이라도 나타나서 '앞으로 진단서와 소견서에 근본 없는 문어체와 고어체를 일절 금한다'라고 선포라도 한다면 일거에 사라질지도 모르는 이상한 관습. 아무도 따르라 강요하지 않았지만 모두가 따르고 있는 괴이한 습관.

하지만 소심한 사회인인 나는 오늘도 '상기 환자는 상기 상병 진단하에 상기 기간 동안 본원 폐쇄 병동에 입원하여 약물 및 상담 치료 중인 바'라고 늘 하던 대로 적는다. 차마 '이분이요, 제가 위에 적은 저 병으로 오래 앓으셨거든요. 그래서 지금도 제가 저희 병원 입원시켜서 약도 드리고 대화도 하면서 치료를 하고 있는데요'라고 적지 못하고.

참는 자에겐
식은 핫도그가 남나니

천성이 모질지 못하고 좋은 게 좋은 거라며 대충 넘어가는 걸 좋아하는 편이라, 살면서 독하게 마음먹고 결심해 본 기억이 별로 없다. 그런 내가, 꽤 큰 작심을 해본 적이 한 번 있다.

재수를 하던 해의 일이다. 학원이 서울역 옆 중림동에 있어 집에서 서울역까지 좌석버스를 타고 등하원을 했다. 도시락을 두 개씩 싸들고 다녔는데도, 혈기 왕성한 때라 학원 마치고 10시가 넘은 시각에 정류장에서 버스를 기다리고 있노라면, 은근히 배가 고팠다.

그럴 때면 버스 정류장 앞 노점에서 파는 싸구려 핫도그가 그렇게 맛있어 보일 수가 없었다. 사실, 돼지고기에 밀가루를 묻혀 기름에 튀긴 것은 도저히 맛이 없을 수가 없다. 돈가스가 그러하고 탕수육이 그렇지 않나. 핫도그라고 예외는 아니다. 쓸쓸한 재수의 밤에 후각을 자극하는 그 강렬한 기름 냄새. 재수생 처지라 용돈이 넉넉하진 않았지만, 노점 핫도그 하나쯤 사먹을 정도는 되었다.

그러나 나는 재수하던 그 1년 동안, 그 싸구려 핫도그 하나를 사먹지 않았다. 돈을 절약하기 위해서도, 살이 찔까 봐 걱정해서도 아니었다. 핫도그를 원래 싫어해서? 싫어할 리는 만무하다. 다시 말하지만 돼지고기에 밀가루를 묻혀 기름에 튀긴음식은 절대로 맛이 없을 수가 없다. 돈가스가 그러하고 탕수육이 그렇다. 그렇다면, 재수생은 그 1년 동안 무슨 이유로 핫도그를 참았나. 말하자면 이는 일종의 객기다.

재수생의 시간은 쓸쓸한 세월이다. 스무 살, 가뜩이나 혈기 왕성할 나이에 작년까지 같은 반이던 친구들은 대학생이 되어 성인의 자유를 만끽하는 와중에 겪어야 할 짧지 않은 격리의 시간이니까. 하고 싶은 것이 있어도 참아야 하고, 보고 싶은 사람이 있어도 참아야겠다고 생각했다. 그때도 그걸 의식하고 한 것인지, 아니면 더 나이가 먹고 난 뒤 당시의 나를 나름대로 해석한 것인지 몰라도 그때의 나는 뭔가 '자중과 자제의 물화物化된 상징'이 있어야겠다고 생각했던 것 같다.

그래서 선택된(글로 표현하니 어마어마해 보이지만 사실은 아무것도 아닌) 그 '물화된 상징'이 무려 서울역 버스 정류장 앞 노점 핫도그였다. 방학기 선생의 만화 〈바람의 파이터〉의 실제 주인공인 극진 가라테의 창시자 최배달(최영의, 오야마 마스다츠)은 수련을 위해 인적 없는 산으로 들어가면서, 사람 사는 도시로 내려오고 싶은 마음을 없애기 위해 눈썹을 한쪽만 밀었다던가. 그 비슷한 심정으로 1년 동안 밤 버스를 기다리며, 하루도 빼지 않고 내 코를 자극하던 그 고소한 튀김 냄새를 버텼다. 차라리 신촌에 가서 낮술을 먹고 취해서 공부 따위 작파해버리는 날이 있을지언정 나는 핫도그는 먹지 않았던 것이다. 핫도그만은.

그리고 그 1년이 지나 재수 생활은 끝이 났고, 나도 대학생이 되었다. 대학생이 된 나는 당당히 서울역 버스 정류장에 가서 외쳤다. 아줌마 핫도그 두 개 주세요. 그날의 핫도그 맛이 어땠는지는 기억에 없다. 별 신통치 않은 맛이었던 모양이다. 사실 노점 핫도그가 맛있어 봐야 얼마나 맛있겠나. 그날 이후론, 핫도그를 자제해야 할 정도로 모진 결심 따위 하지 않고 산다. 먹고 싶은 것은 먹고 싶을 때 먹어야 한다는 교훈 같은 것을, 스물한 살의 내가 깨달았기 때문일까.

나중에 정신과 공부를 하면서, 내가 그해 서울역 그 노점 앞에서 하던 짓이 '만족지연delay of gratification'이라는 것을 알게

145

되었다. 만족지연에 대한 사전적 의미는 '자기 통제의 하위 영역 중 하나로, 더 큰 결과를 위하여 즉각적인 즐거움, 보상, 욕구를 자발적으로 억제하고 통제하면서 욕구 충족의 지연에 따른 좌절감을 인내하는 능력'이다. 이 만족지연이란 개념은 적잖은 시간 동안 많은 사람의 호기심을 끌었다. 이에 대한 이런저런 연구도 많았고, 그에 얽힌 이야기들도 많은 모양이다. 그 대표적인 것 중 하나는 호아킴 데 포사다Joachim de Posada가 지은 세계적인 베스트셀러《마시멜로 이야기》로 유명해진, 마시멜로 실험이다.

어린아이들에게 맛있는 마시멜로 하나를 주고, 지금 마시멜로를 먹지 않고 잘 인내하면 나중에 마시멜로를 하나 더 준다고 약속한다. 아이들 중 일부는 참고 기다리고, 일부는 참지 못하고 마시멜로를 먹어버린다. 두 부류 아이들의 이후 삶을 추적해 보니, 마시멜로를 먹지 않고 인내한 아이들이 성적도 좋고 사회적인 성취도 좋았다는 것이 마시멜로 실험의 내용이다. '만족지연'이라는 이름으로 표현된 인내심이 사람의 성취에 큰 역할을 한다는 결론으로 널리 알려졌다.

그런데 이 실험은 디자인에 문제가 있었다는 연구가 나중에 공개되었다. 실험에 참가한 아이들이 모두 백인 중산층 가정에서 태어난 이들이었으며, 모집단의 수도 충분하지 못했기에 이를 고려해 수행한 다른 연구에선 만족지연과 훗날의 사회적 성취 사이엔 아무런 연관을 찾지 못했다는 것이다. 인내에 대한 보상을 충분히 줄 여력이 있는 부모 밑에서 성장한 아이들에겐 처음 실험의 결론이 유효할 수 있다. 하지만 눈앞에 놓인 마시멜로를 당장 먹지 않으면 나중엔 먹지 못할 수 있는 흑인 저소득층 가정의 아이들에겐, '당장 먹어치우는 것이 가장 합리적인 선택일 수 있다'는 논리도 설득력이 있다. 그러니까 실험의 결과라는 것이 사실은 다른 변수를 통제한 뒤엔 의미 없다는 주장이 제기된 것이다. 심하게 이야기하면 마시멜로 실험은 '꾹 참고 버티면 나중엔 좋은 날이 올 거야'라는, 체제 순응적인 생각을 전파하기에 효과적인 도구로 오래 오용되었다고 볼 수 있지 않을까?

때로는 유명한 실험이 오류가 아니라 아예 조작이라는 것이 밝혀지기도 한다. 얼마 전, 심리학 실험의 고전 중 하나인 필립 짐바르도Philip George Zimbardo 박사의 '스탠퍼드 감옥 실험'이 사실은 조작된 것이었다는 소식이 전해져 눈길을 끌었다. 가상의 감옥을 설계하고 실험 참가자를 모아 무작위로 간수와 죄수 역할을 맡기면, 간수 역을 맡은 참가자들이 자신의 의지와 무관하게 점차 권위적이고 폭력적으로 변한다는 것이 당시 실험 결과였다. 그런데 알고 보니 이는 다 참가자들에게 시나리오를 주고 연기를 시켰던 것이었다. 지금껏 인간의 마음속에 서려 있는 '악'의 실체에 대해 적나라하게 폭로한 실험인 줄로만 알았는데, 알고 보니 그 실험 자체가 인간 내부의 공명심功名心에 대한 적나라한 폭로였던 셈이다.

살다 보면 이처럼 뒤통수를 맞는 일이 심심찮게 생긴다. 스탠퍼드 감옥 실험도, 마시멜로를 이용한 만족지연 실험도, 모두 알고 보니 고의로 저지른 거짓이거나 혹은 잘못된 실험 디자인으로 인한 오류였다. 그 조작과 오류를 통해 결국 적나라한 인간과 인간 사회의 실체를 폭로한 셈이니 그나마 '심리학적' 의미가 있었던 것이라고 위안을 해야 할까, 아니면 이건 차라리 대승적인 의미에서의 '사회학적' 연구라고 해야 할까? 우리가 만든 사회의 일면을 그대로 드러내 보여주는 실험/실험 조작/실험 오류인 셈이니까.

기왕 이렇게 된 거, 심리학 교과서에서 만족지연의 실례로 '마시멜로 실험'을 빼버리고 '재수생 이효근의 핫도그 실험'이나 넣으면 좋겠다. 아, 물론 나중에 참았다가 먹은 핫도그가 별로 맛이 없더란 이야기를 꼭 넣어서. 세상에서 제일 맛있는 핫도그는, 아무리 생각해도 먹고 싶을 때 바로바로 먹는 핫도그다.

가스통 할배의
앞뒤 사정

예전에 모 정당의 전당대회에서, 선출직 고위 당직에 출마했던 한 국회의원이 돌연 후보직을 사퇴하는 일이 있었다. 당선이 유력시되던 그였기에, 많은 사람이 그의 갑작스러운 사퇴를 의아스러워했다. 나중에 그 의원이 밝힌 후보 사퇴의 이유는 아내의 건강 문제였다. 즉 은퇴한 유명 배우인 그의 아내가 과거에 있었던 상처로 인해 오랫동안 PTSDpost traumatic stress disorder, 그러니까 외상 후 스트레스 장애를 앓아 왔고, 최근 병세가 악화되어 더 이상 선거 운동에 전념하기 어려워졌다는 설명이었다.

유명인이 정신과 질환으로 치료를 받았음을 밝히는 일이, 몹시 터부시되던 때가 있었다. 청춘스타들이 결혼해서 자녀까지 두고도, 기혼임이 알려지면 인기가 떨어질까 봐 미혼 행세를 하던 세월이니 그럴 만도 하다.

세상이 많이 변하고 정신질환에 대한 일반의 인식도 좋아지면서, 이제는 자신이 우울증이나 공황장애로 치료받고 있음을 공개하는 유명인도 많아졌다. 오히려 자신의 병을 솔직히 고백한 용기나 어려움을 극복해 낸 투병기로 인해 대중의 호감이 더해지는 경우도 생겼다. 내가 기억하기론, 공황장애를 앓고 있음을 공개한 첫 연예인은 가수 김장훈 씨가 아니었나 싶다. 김장훈 씨 개인에 대한 호불호를 떠나, 그동안 정신질환에 대한 사회의 인식을 환기하고 공론의 장에서 이를 논의할 수 있게 된 데는 그의 공이 적지 않다고 생각하기에 고마운 마음이 크다.

요새는 앞의 국회의원 아내가 앓고 있다는 PTSD도, 대중의 관심을 받고 입에 자주 오르내리는 정신질환 명단에 이름을 올리는 것 같다. 주위에서도 이 질환에 대해 이야기하는 사람이 적지 않다. 요즘은 굳이 전문의에게 진단을 받는 단계에 이르지 않더라도, 인터넷 검색을 통해 누구나 쉽게 의학 지식에 접근할 수 있다. 예전 같으면 단순히 '내가 실은 과거 때문에 상처가 많아'라고 표현했을 상황들이 '내가 사실은 PTSD가 좀 있어'로 바뀌는 모습을 더러 목격한다. 하지만 PTSD는 그리 간단한 병이 아니다.

PTSD는 이름 자체에 그 병의 정의가 다 담겨 있다. PTSD는 어떤 사건 이후 일정 시간이 지난 뒤 나타나는 것인데(Post), 그 사건은 그냥 상처 정도가 아니라 전쟁·살해·심각한 폭력 등 인생 전체를 흔드는 큰일인 경우이며(Traumatic), 이 트라우마 혹은 외상으로 인한 반복적인 재경험·기분장애·불안 초조 등의 정신 증상이 있어서(Stress), 일상생활에 현저한 문제를 일으켜(Disorder) 치료의 필요성이 인정된다는 것이다.

개인적으로 겪을 수 있는 그 모든 험악한 경험들이 PTSD의 원인이 될 수 있다. 우리 대부분은 일상적으로 크고 작은 상처를 받고 살아가지만, 삶의 근간을 흔드는 거대한 파도 같은 트라우마를 모두가 겪는 것은 아니다. 그러니까, '내가 상처가 좀 있어'라는 말을 '내가 PTSD가 좀 있어'라고 말하는 것은 잘못된 표현이기도 하다. 그렇기 때문에 대체로 건강한 사회는 상처받은 희생자를 먼저 도와야 하는 것이기도 하다.

그런데 생각해 보면 한 개인이 아니라 한 세대 전체가, 아니 몇 세대에 걸쳐 한 공동체의 구성원 전체가, 심한 경우 한 나라 국민 전체가 '압도적인 정신적 외상'에 노출되고, 그로 인한 '집단적인 PTSD'라고 칭할 법한 증상을 보이는 경우 또한 적지 않다.

인종 청소와 집단 학살을 경험한 아프리카의 르완다, 아시아의 캄보디아, 유럽의 보스니아 사람들, 하늘을 뒤덮은 미국 공군의 융단 폭격을 목격한 제2차 세계대전 당시 독일 드레스덴Dresden의 생존자들, 갑자기 부모에게서 격리되어 집단 수용된 호주 애버리지니Aborigine의 잃어버린 세대, 바로 지금 조직적인 학살과 추방을 당하고 있는 미얀마의 로힝야Rohingya 사람들을 떠올리면, 다수의 사람이 집단적으로 겪는 '압도적 정신적 외상'이 그다지 드문 일이 아님을 알 수 있다. 멀리서 찾을 것도 없는 것이, 태평양 전쟁과 6·25전쟁을 겪은 우리 윗세대만 봐도 이것은 먼 나라의 일이 아니다.

6·25전쟁의 전개 과정은 여러 가지로 묘사할 수 있을 것이다. 일단 전쟁 초기 소련제 탱크를 앞세운 인민군의 기습적인 선제 공격과 기동전, 미군의 개입 이후 미 공군에 의한 무제한 폭격, 이렇게 거칠게 나누어 생각해 보자.

전쟁을 경험한 대부분의 이남 사람들에게 처음 물화되어 나타난 전쟁의 이미지란 것은, 스스로 굴러가며 불을 뿜는 거대한 쇳덩이, 소련제 탱크였을 것이다. 그 압도적인 무력 앞에서 느꼈던 이남 사람들의 무력감은 자폭으로 그 쇳덩이를 멈춘 '육탄 용사' 이야기의 신격화를 통해 역설적으로 잘 드러난다. '쏘련제 땡크(이렇게 된소리를 사용해야 그 느낌이 산다)를 앞세우고 밀고 내려온 무시무시한 괴뢰군'이라는 고답적인 표현 또한 각종 반공 웅변대회 등에서 그 얼마나 자주 사용되었던가.

반대로 전쟁 발발 후 한 달이면 '남조선 괴뢰들'을 무찌르고 통일을 성취할 것이라던 김일성의 호언장담과 달리, 초기 승전보의 기쁨이 채 가시기도 전에 강력한 카운터블로counterblow를 맞고 압록강까지 내몰리게 된 이북 사람들. 그들에게 처음으로 물화되어 나타난 전쟁의 이미지는 미군의 폭격기 B-29와 융단 폭격이었을 것이다. 이남에서는 탱크의 얼굴을 하고 나타난 전쟁이, 이북에서는 공습의 얼굴을 하고 나타났달까.

제2차 세계대전 당시 유럽에 투하된 전체 폭탄의 양보다 더 많은 폭탄이 퍼부어졌다는 이북, '폭격으로 인해 도시가 지도상에서 지워졌다'는 소리까지 듣게 된 평양, '원산 폭격'이라는 상징적인 단어로 남은 원산. '북조선 전체가 석기 시대로 돌아갔다'는 이야기까지 있었으니 그에 대한 집단 트라우마는 탱크에 대한 이남 사람들의 것과도 사뭇 달랐으리라 싶다.

탱크의 경우와 달리, 공습은 그 대상이 이북에만 국한되지 않았다는 데 그 차이가 있기도 하다. 전쟁 초기 이남 땅의 대부분이 인민군 수중에 떨어졌다는 사실도 한 이유가 되겠지만, 이남의 거의 대부분 지역도 미군의 무차별 공습을 피하지 못했다. 당시 한반도 대부분의 땅에서 사람들은 하늘에서 떨어지는 불벼락을 경험했다. 미 공군의 참전 이후, 인민군의 공군력은 그야말로 궤멸되다시피 했기에 제공권은 거의 전적으로 미군의 수중에 있었다. 이를 감안하면, 이남 노인들의 전쟁과 피난 경험담에서 흔히 들을 수 있는 '피난민 행렬을 향한 기총 소사'니, '하늘을 까맣게 덮은 폭격기'니 하는 경험담은 대부분 미 공군과 관련된 것임을 알 수 있다.

평양에서, 인천에서, 혹은 그 이전의 독일 드레스덴에서, 일본 요코하마에서 경험했을 공습의 압도적인 무력은 어떤 느낌일까. 천둥이니 번개니 돌풍이니 하는 자연 현상과는 비교 자체가 불가능한 그 잔혹함, 사랑하는 이와 함께 그곳을 벗어나기 위해 자기가 할 수 있는 일은 아무것도 없다는 사실을 알게 된 한 인간이 느꼈을 무력감의 크기는 얼마나 될까. 천우신조로 그 지옥에서 살아남은 인간이 남은 생을 살아가면서 겪었을 플래시백이란, 과연 어떤 것이었을까.

1950년부터 1953년까지 이 땅의 사람들이 겪은 집단 트라우마가 어디 융단 폭격 하나뿐일까. 자기 완결적 농업 공동체를 이루고 살아가던 당시의 대다수 한국인들은 식민지배, 제2차 세계대전, 징용과 공출, 종전과 해방, 분단, 이념 대립 그리고 종국의 파괴적 전쟁을 통해 천 년의 세월 동안 속해 있던 모든 사회적 체계가 붕괴되는 것을 봤다.

남해안에서 압록강까지 국토의 끝과 끝을 오르내리며 거의 전토를 난자한 전선, 그로 인한 전국적인 피난의 행렬과 거의 모든 공동체의 해체 재편, 그 결과로 발생한 사회적인 부조 체계의 전적인 파괴. 북에서 저지른 인민재판과 남에서 자행한 부역자 처벌 때문에 웃으며 오가던 친지와 이웃이 갑자기 서로의 가슴팍에 죽창을 내지르는 살인자로 변하는 모습을 본 당시 아이의 공포감은 어떤 것이었을지 상상조차 되지 않는다.

20대 젊은이들은 물론이고, 상대적으로 그들의 정서에 익숙한 4, 50대마저도 아연하게 만드는 공격성과 안하무인적 태도를 보이는 일부 노인들이 있다. 그들은 지하철에서 큰소리로 여성 비하적 발언을 일삼기도 하고, 원하지 않는 상대에게 조리 없는 충고를 늘어놓기도 한다. 소위 '흑화된' 몇몇은, 정치적으로 보수적인 집회에 가스총을 들고 나타나기도 한다. '틀니를 딱딱거리면서 꼰대짓을 하는 무리'라는 의미의 '틀딱충'이란 신조어마저 생겼다. 젊은이들의 부적응적인 행동은 철이 없어서 그러나 보다 생각할 수나 있지, 세상 경험 해볼 만큼 해본 원숙한 나이에 저들은 왜 저러는 것일지 가끔 생각해 본다. 저들의 폭력적인 면이 바로 저 세대의 PTSD는 아닐까 하고.

그 세대의 그런 정치적인 성향은 어느 날 갑자기 하늘에서 뚝 떨어진 게 아닐 것이다. 오히려 그런 폭력성은 오랜 기간 암암리에 조장되고 심지어 권장되었다. 전쟁 이후 대한민국 사회의 주된 정서와 지향은 그 일부 노인들—그때는 청년이고 중년이었던—의 것이었다. 멸공과 방첩과 신고와 총력 단결의 정신 그리고 그에서 벗어난 자들에 대한 집단적 공격은 오랫동안 한 치의 의심도 없이 가장 바람직한 덕목으로 사람들 사이에서 공유되었다.

달라진 점은, 그동안 세월이 흘렀다는 것이다. 전쟁과 분단의 시기를 성인으로 겪어낸 세대가 시간의 흐름 속에 대부분 사망하고, 어릴 적 기억으로나마 그 시절을 직접 목격한 세대는 대부분 현직에서 물러나 은퇴한 노인이 되었다. 그 '전쟁 세대'가 남긴 모순을 보고 자라난, 그래서 그들에 대한 비판 의식을 가지고 성인이 된 세대에게 현재 사회의 주도권이 넘어갔다. 의심 없이 사회의 주류 이데올로기로 인식되던 것들에 대한 전면적인 검토가 시행되었고, 상식으로 치부되었던 것들이 폐기되었다.

집단 구성원 대부분이 같은 상태일 때는 그 상태가 좋지 않더라도 질환이라 판단하기 어렵고, 설사 질환임을 인정하더라도 빨리 인지하기 어렵다. 전쟁과 이산이라는 스트레스에 노출된 세대가 이제 마이너리티가 되면서, 그 참혹한 4, 50년대를 겪지 않은 이들이 사회의 다수가 되면서, 그들 세대의 PTSD가 이제야 드러나고 있는 것은 아닐까 생각해 본다. 도저히 이해할 수 없는 가스통 할배들의 행동도, 비록 이해는 할 수 없다지만 그 행동의 이면에 도사리고 있는 배경은 무엇일지 생각은 해볼 수 있는 것이다.

PTSD라는 개념이 널리 퍼지고, 전쟁이나 심한 폭력을 겪은 사람들에겐 심리 치료가 필요하다는 사실이 알려지면서, 우리나라에서도 이제는 조금씩이나마 그에 대한 시도들이 시작되고 있다. 세월호 사건을 겪으면서 우여곡절 끝에 국가 트라우마 센터가 출범한 것이 바로 좋은 예다. 오래전의 우리는 그런 치유의 과정을 겪지 못했다. 식민지와 분단과 전쟁이라는 치명적 상처를 집단적으로 입은 세대는 어떠한 도움도 받지 못한 채 방치되었고, 오로지 그 상처를 '적개심'으로 표현하는 방법만 사회적으로 학습했다. 그렇다면 우리 사회는 어쩌면 오래전에 발급된 계산서를 처리하라는 통보를, 뒤늦게 받은 상황일지도 모르겠다.

나에게
가장 아픈 비수

한물간 왕년의 액션 영웅을 보는 심정은 복잡하다. 한때 근육과 정열의 상징이었으나 이제는 힘도 머리도 빠져 배까지 불룩 튀어나온 예전의 영웅에 대한 안타까움, 세월 앞에선 네 놈도 어쩔 수 없구나 싶은 묘한 우월감이 교차한다. 배우 마이클 키튼이 한물간 액션 스타 역을 맡아 열연한 영화 〈버드맨〉에선, 그 한물간 영웅을 보는 관객과 배우 자신의 시선이 엇갈린다.

전성기에도 예술가보다는 '할리우드 액션 스타'에 가까웠던 주인공. '스타'라는 칭호마저 오래전에 잃어버린 퇴물일 뿐이지만, 그는 권토중래를 노리고 와신상담한다. 예상 외로 그는 영화가 아닌 연극으로 말년의 역전 홈런을 노린다. 액션 스타란 평가의 일부라도 회복하면 감지덕지인 주제에 감히 그가 노리는 것은 무려 '예술가'라는 타이틀이다. 심지어, 이제부턴 상업적 성공이 아닌 '진짜 예술'을 한번 해보겠다는 것도 아니다. 이미 자신은 왕년의 액션 스타 '버드맨'이던 시절부터 줄곧 예술가였다는 혼자만의 주장을 포기하지 않고 고집한다.

영화에서는 주인공의 현실과 주인공 마음속의 판타지가 교차한다. 액션 영웅이던 시절, 캐릭터의 상징이었던 '새(버드맨이었으니까)'는 끊임없이 주인공을 따라다니며 귓속에서 괴로운 질문을 던진다. 주인공은 자신의 가장 아픈 곳에 비수처럼 날카로운 질문을 꽂아넣는 그 새 때문에 때로는 괴로워하고 때로는 불같이 분노한다. 영화적 장치로서의 그 새가 어떤 의미를 가지는지는 잘 모른다. 하지만 영화에 등장하는 다른 것보다도 그 새의 말들에 귀가 솔깃했다. 그리고 그에 대한 주인공의 반응에도 눈길이 갔다. 그것이 '환청'이라는 정신 병리를 쏙 빼닮았기 때문이다.

159

환청은 대표적인 지각장애 증상이다. 인간의 오감은 모두 오류를 일으킬 수 있지만, 촉각이나 후각의 이상은 뇌의 기능적 이상이나 약물 남용 같은 경우에서 주로 관찰된다. 그와 달리, 청각의 이상인 환청은 굉장히 다양한 정신과 혹은 비정신과 질환으로 인한 임상 상황에서 관찰할 수 있다. 때론 일시적으로, 때론 장기적으로.

환청은 조현병의 대표적인 증상으로 알려져 있지만, 거의 모든 정신질환에서 관찰할 수 있다. 우울증이 심하거나 조울증이 심해도 환청이 들린다. 인격 장애와 치매의 한 종류에서도 환청은 발생할 수 있다. 병적인 상태가 아닌데도 환청이 들리는 경우도 있다. 잠에서 깰 때 나타나는 출면 환각과 잠이 들 때 발생하는 입면 환각은 대표적인 정상적 생리 현상으로서의 환청이다.

환청은 실제로 존재하지 않는 소리가 나에게만 들리는 것이다. 들리는 것은 사람의 목소리일 수도 있고 바람이나 동물 소리일 수도 있다. 사람의 목소리라면 한 사람의 목소리일 수도, 여러 사람의 목소리일 수도 있는데, 그들이 자기들끼리 대화하기도 하고 나에게 말을 걸기도 한다. 제일 위험한 경우는 뭔가를 지시하는 내용의 환청인데, 이는 자해나 타해의 원인이 되기도 한다. 서울의 지하철에 스크린도어가 생기면서 많이 없어졌지만, 플랫폼에 서 있다가 들어오는 지하철에 뛰어들어 자살하는 사람들 중 적지 않은 경우가 그 순간 '뛰어들어'라는 환청을 경험했을 것이라고도 한다.

환청은 다른 많은 정신병적 증상처럼 생리적으론 뇌 내부 신경전달물질의 이상으로 생긴다. 실제로는 존재하지 않은 자극이 뇌의 내부에서 스스로 발생하여 마치 소리가 귀에 들린다고 착각하게 되는 것이다. 환청이 들릴 때 기능적 MRI를 찍어보면 뇌의 청각 영역이 활성화되는 것을 볼 수 있다. 그러니 환청을 경험하는 사람은 실제로 귀에서 들리는 소리로 인한 청각 자극과 환청으로 인한 청각 자극을 명확히 구별하기 어려운 것이다.

어떤 원인에서든 환청을 경험하는 것은 매우 불쾌한 일이다. 만성화된 조현병 등으로 현실 검증 능력이 파괴되어 버린 경우를 제외한다면, 남들은 못 듣는 소리가 내 귀에만 들리는 것이 기분 좋을 리 없다. 게다가 대부분의 환청은 유쾌한 내용이 아니다. 나를 비난하거나, 놀리거나, 감시하는 내용이다. 무엇보다 그 목소리는 나에 대해 잘 알고 있지 않고서야 할 수 없는 이야기를 들려준다. 그러니 환자는 점차 그 환청이 병적인 것이 아니라 실제로 나를 감시하거나 나를 지배하는 전지전능한 누군가의 소리로 인식하는 것이다.

그들은 어떻게 내 상황과 생각을 알고 그것을 비난하거나 간섭할까? 이것은 환청이 전적으로 '내 뇌 안에서' 일어나는 일이기 때문이다. 다른 이의 목소리를 하고 있지만, 실제로는 내가 만들어 낸 소리다. 당연히 내가 숨기고 싶은 일들, 아무에게도 말하지 않은 일들을 그들은 알고 있다. 예술가인 척하려는 '버드맨' 마이클 키튼은 자신을 형편없이 깎아내리는 연극 평론가에 대해서도 분노하지만, 자신을 따라다니는 '새'의 비난에 더욱 격렬하게 화를 낸다. 새의 비난은 다른 어떤 사람의 비난보다 정확하기에 폐부를 찌른다. 결국 나의 최대 치부를 제일 잘 아는 것은 자기 자신이기 때문이다.

의사들은 환청의 내용을 정신역동적으로 해석하기도 하지만, 기본적으론 뇌의 생리학적 이상으로 발생하는 증상이기에 약물 치료가 필요하다고 판단한다. 물론 환청은 주요 정신질환이 아닌 다른 의학적 상황에서도 발생하는데 (이를테면 수술 후의 일시적인 섬망이나 감각 자극 박탈의 상태) 이런 경우엔 그 원인이 된 의학적 상황이 호전되면 자연스레 사라진다. 하지만 질환으로서의 환청, 특히나 조현병 같이 주요 정신병에서의 환청은 약물 치료 없이 호전되기 힘들다.

과거엔 환청을 '신의 소리'라고 여기기도 했다. 고대 그리스 테베의 신탁을 비롯한 고대 무녀가 전하는 신의 음성은 아마도 환청이었을 가능성이 크다. 고대의 신전에선 환각을 일으키는 최음제나 마약이 흔히 쓰였다. 당시 신전은 정치와 학문의 기능도 같이 수행했으니, 몽환에 빠진 무녀의 입에선 그의 무의식 속에서 정리된 당대의 요구에 대한 대답이 흘러 나왔을 것이다. 다른 많은 문화권에서도 비슷한 양상이 쉽게 관찰된다. 우리나라를 포함해서.

환청은 이제 그 기전이 많이 알려지면서 치료의 대상이 되었지만, 한때는 일부 선택받은 사람들의 신적인 재주이기도 했고, 발현되는 양상에 따라 미래를 내다보는 카리스마 있는 지도자의 영적 능력이기도 했다. 지금도 여러 정신질환에 걸렸을 때는 물론, 가끔 너무 피곤하거나 몸이 아플 때, 잠이 들고 깨는 정상적인 상태에서도 환청을 경험할 수 있다. 상황이 어떻든, 내용이 무엇이든 간에 그 소리는 내 마음—혹은 머리—에서 만들어낸 것이므로 나의 속내를 훤히 알고 있다.

사실 병적인 환청을 경험하게 되는 경우는 매우 드물다. 그래서 반드시 치료가 필요한 것이지만, 우리는 살면서 환청 말고도 '나를 가장 잘 아는, 그래서 그 언급이 날카로운 비수처럼 꽂히는 말'을 자주 듣는다. 그 소리는 귀로 들리지 않는다. 마음으로 들린다. 그 소리는 아무도 모르지만 나만이 아는 진실을 조용히 우리 마음에 들려준다. 그 소리를 우리는 '양심'이라 부른다.

으슥한 곳에 버려진 쓰레기를 두고 동네 주민들이 모여 '도대체 누가 저런 짓을 한 거야?'라며 분노할 때, 목격자도, CCTV도 없어 아무도 모르지만 적어도 나는 몰래 갖다 버린 사람이 사실 본인이라는 것을 알고 있다. 보는 이 없는 야밤의 거리에서 불법 유턴을 한 것도, 혼자 있는 방 안에서 몰래 불법

163

파일을 다운로드한 것도, 집으로 들어오는 골목 어귀 으슥한 곳에 방뇨를 한 것도, 나를 괴롭히는 상사의 중요한 서류가 담긴 USB를 슬쩍 감춘 것도, 간담회 비용으로 지출했다고 신고한 법인카드가 사실은 친구들과의 소주 한잔에 쓰였다는 것도, 나는 안다. 그리고 누군가가 내 마음에 조용히 이야기한다. '그러면 안 되는 거 아니야?'

그 소리, 양심의 소리에 얼마나 민감한지가 개인의 도덕적인 수준을 대변할 것이다. 옛 선비들의 서재에는 마음을 다잡아 주는 고전 글귀가 정갈한 붓글씨로 적힌 족자가 걸려 있기 마련이었다. 거기 단골로 사용되던 글 중 하나가 바로, '신독愼獨'이다. '홀로 있을 때에도 도리에 어그러지는 일을 하지 않고 삼감'이라는 뜻이다. 사서의 하나인 〈대학大學〉이 그 출전이다. 옛 선비들은 그 글자를 바라보며, 아무도 모르지만 나는 알고 있는 부끄러움은 없는지 스스로 살피고 반성했을 것이다.

가끔 스캔들에 휘말린 정치인이 결백을 주장하며 '이것이 사실이라면 손에 장을 지지겠다', '내 목을 내놓겠다', '이 자리에서 할복하겠다'며 억울함을 호소하는 모습을 본다. 그런 스캔들은 때론 근거 없음이 판명되기도 하지만 많은 경우 심증은 있으되 물증이 없어 영영 미궁에 빠지곤 한다. 아무도 모르지만 당사자는 그 사실의 진위 여부를 알고 있을 텐데, 그의 양심은 그에게 그때 무슨 이야기를 들려줬을지 궁금해진다.

슬프게도, 명명백백한 스캔들의 증거가 백일하에 드러난 뒤에도 실제 손에 장을 지졌다는 사람의 이야기는 들어본 적이 없다. '신독'의 전통은 우리에게서 오래전에 메말라 버린 것 같아 마음이 좋지 않다. 이들의 뻔뻔한 태도를 보고 있을 때면, 귀에 들리는 환청은 병이되 차라리 솔직하구나 싶기도 하고.

영맨, 선반에
자존심을 두십시오

안타깝게도 영어를 잘 못한다. 읽기도 못하고 말하기도 못하지만, 무엇보다도 듣기를 유난히 못한다. 그러다 보니 사는 데 은근 불편한 일들이 있다. 시골 정신병원에서 한국인 환자들을 한국어로 진료하는 나는 다행히도 업무상 외국인과 영어로 대화해야 할 일은 거의 없지만, 예를 들어 외국에 여행 갔을 때 불편하고, 자막이 제공되지 않는 영화를 볼 때 힘들다. 세기의 명작 웹툰 〈마음의 소리〉의 초창기 에피소드를 보면 조석 작가가 '영어라는 몹쓸 것을 피해 살아온 세월'에 대해 털어놓는 대목이 있는데, 그걸 보고서 일면식도 없는 그 작가를 얼싸안고 싶은 충동에 휩싸인 적도 있다.

장거리 비행기를 타도, 자막이 깔리지 않은 영화는 선택할 수 없으니 영어를 잘하는 사람에 비해서 지루한 비행시간을 견디기가 좀 더 어려울 수밖에 없다. 더빙도 안 되고 자막도 깔리지 않았지만, 영어로 된 영화를 무리 없이 볼 수 있었던 적이 딱 한 번 있었다. 그 영화가 바로 〈셰이프 오브 워터〉다. 주인공들이 말을 하지 않는다. 남자 주인공은 괴물, 여자 주인공은 농아인이라서.

사실 알고 보면 영어 듣기가 잘 안 되어서 안 좋은 점만 있는 것은 아니다. 이를테면 영어로 된 노래를 들을 때, 가사를 우리말로 번역해 보면 그저 유치하고 한심하기 짝이 없을지라도 가사를 못 알아듣기 때문에 그냥 그 흥겨운 곡조에만 집중해서 즐길 수 있다는 것이 대표적이다. 조금 전에 라디오에서 빌리지 피플의 흘러간 팝송 'Y.M.C.A.'가 흘러나오는데, '영맨' 하고 'Y.M.C.A.' 외엔 전혀 알아듣지 못하겠다. 신나면 됐지. 어허이! 거기 젊은이!

말이 나왔으니 말인데, 못하는 영어 때문에 겪은 웃지 못할 에피소드가 하나 있다. 레지던트 4년 차가 되던 때 미국 샌프란시스코엘 갔다. 학회가 있었는데, 물론 학회는 대충 째고 열심히 구경만 다녔다. 샌프란시스코의 명물 중 하나가 가파른 경사를 오르내리는 노면전차란 건 알고 있었던지라, 관광객답

게 그걸 타러 갔다.

샌프란시스코 전차는 물론 좌석에 앉아갈 수도 있지만, 차 뒤쪽 발코니 같은 공간에 서서 시원한 바닷바람을 맞으며 도시의 풍경을 보는 것이 별미였다. 그리하여 관광객들은 으레 자리에 앉기보다 서서 가는 그 자리를 탐내는 것인데.

줄 서서 기다렸더니 내 차례가 왔고, 전차에 올라탔더니 운 좋게 가장 그럴듯한 자리를 차지할 수 있었다. 뒤에 탄 다른 관광객이 부러운 듯 나에게 미소를 보내주었고, 나도 뜻하지 않은 이 행운이 기뻐 미소로 그들에게 화답했다. 영어야 못하지만 미소는 만국 공통어 아냐? 그런데, 그런데.

차장인지, 운전수인지, 하여간 제복을 입고 올라탄 뚱뚱한 아저씨가 갑자기 나를 보고 짜증이 가득한 표정으로 소리를 지르는 것 아닌가. 글의 처음에 말했지만, 이것은 영어 듣기가 안 되는 것에 대한 이야기다. 나는 그가 하는 말을 못 알아들었지만, '겟 아웃' 그리고 '옐로우'라는 소리만은 똑똑히 알아들었다. 당장 비키라는 거친 손짓과 함께.

이럴 수가, 이럴 수가. 백주 대낮 만인 환시 중에 이렇게 대놓고 인종차별을 당하다니. 동양인은 그 좋은 자리를 차지할 수 없으니 저리 비키고 다른 백인에게 자리를 양보하라는 거구나. 말로만 듣던 인종차별을 내가 당하다니.

흥. 내가 비킬 줄 알고? 나도 전차 삯 냈고, 좋은 자리에서 경치를 즐길 권리가 있다고. 안 비킬 테다. 은근슬쩍 당하는 인종차별은 몰라도 이렇게 대놓고 훅 들어오는 차별에 순순히 당할 순 없지. 어디 한번 끌어내 보라지. 미국 흑인 인권 운동도 버스에서 백인에게 자리를 양보하지 않은 흑인 한 명의 저항에서 시작되었다지 아마?

강고한 신념을 다지며 입술을 앙다무는데, 동행이던 친구가 곤란한 표정으로 내 팔을 잡아끈다. 효근아, 뭐해. 위험하니까 '옐로우 라인' 밖으로 '겟 아웃' 하라잖아. 아아, 그렇다. 노란 선. 노란 선. 미안해요, 아저씨. 선 밟은 줄 몰랐어요.

샌프란시스코 사건 이후 15년이 지났다. 나는 그 세월 동안 정신과 전문의가 되었고, 결혼을 했고, 아이가 생겼고, 학부형이 되었다. 영어 유치원이 광풍이라지만, 그곳에 아이를 보내지 않았다. 세상엔 영어를 못하면 얻을 수 있는 재미가 쏠쏠하다는 것을 알기 때문(은 아니고 어쩌다 보니 그리 된 것뿐)이다.

아내는 아이의 영어 공부에 관심도 많고 걱정도 많다. 나도 물론 우리 아이가 성실한 학생이 되었으면 좋겠다. 하지만 피치 못할 사정으로 영어를 잘 못하는 사람이 되어도, 그것도 나쁘지 않다.

만약 내가 영어를 잘하는 사람이라면, 그래서 영어 노래를 듣고 한 번에 그 가사를 다 이해할 수 있었다면, 나는 팝송

'Y.M.C.A.'의 가사를 구글 번역기에 집어넣었다가 번역기의 그 진지한 기계적 번역이 웃겨서 배꼽 빠질 뻔한 경험 따윈 해 보지 못했을 것이다.

It's fun to stay at the Y.M.C.A.

(YMCA에 머무르는 것은 재미있습니다.)

Young man, young man, are you listening to me?

(젊은이, 젊은이, 내 말 듣고 있어?)

Young man, young man, what do you wanna be?

(젊은 남자, 젊은 남자, 너 뭐하고 싶어?)

You'll find it at the Y.M.C.A.

(YMCA에서 찾으실 수 있습니다.)

No man, young man, does it all by himself

(아무도, 청년, 혼자서 모든 것을 하지 않습니다.)

Young man, young man, put your pride on the shelf

(젊은 남자, 청년, 선반에 자존심을 두십시오.)

줄루어의
추억

영어를 못해도 사는 데 큰 지장이 되는 일은 없
다. 하지만 이제는 외국인들도 많이 들어와 살고 있는 '글로벌
코리아'이다 보니, 진료하다 말이 안 통해서 난감했던 기억이
몇 번은 있다.

이를테면 못하는 영어지만 그나마 영어가 제일 나으니까,
상대방이 영어를 해주면 어지간히 동서남북은 잡힌다. 정말
힘든 일이지만, 일본인이나 중국인이라면 한자를 사용해서 아
주 기본적인 의사소통이 되기도 한다. 하지만 몽골인이라면?

알다시피 몽골인은 몽골어를 사용한다. 당연히 못 알아듣는
다. 그들의 문자는 러시아의 키릴 문자다. 필담은 흉내도 낼 수
없다. 한자는 당연히 못 쓴다. 느껴지는 거대한 벽. 물론 미안

마인도, 캄보디아인도, 아랍인도 마찬가지다. 하지만 몽골인은, 우리랑 똑같이 생겼잖아! 그런데 말이 안 통해! 글도 안 통해! 뭔가 더 안 통하는 것 같아!

❦

영어를 사용하는 사람이라고 해도 안심할 수 없다. 특히 진수 씨를 처음 만나던 날의 기억은 잊을 수가 없다. 진수 씨는 조현병에 걸린 재미교포 1.5세였다. 약을 중단한 상태에서 증상이 악화되어 경찰에게 체포되었고, 미국 병원에 응급 입원했다가 한국으로 송환되었다. 사정상 가족이 동반할 수 없어 진수 씨는 인도계 미국인 남자 간호사와 함께 비행기로 한국에 왔다. 사전 협조를 통해 우리 병원에 입원하기로 결정되었고, 인천공항에서 한국 경찰의 도움을 얻어 앰뷸런스를 타고 내 진료실로 옮겨졌다. 그렇게 진수 씨와 나는 마주 앉았다.

비행 중의 사고를 예방하기 위해 미국의 정신과 의사는 진수 씨에게 주사를 강하게 처방했다. 그로 인한 단기 부작용으로 발음도 부정확한데, 교포 1.5세 수준의 한국어 자체도 알아듣기가 정말 어려웠다. 나중에 상태가 좋아진 뒤에도 그의 한국어 발음은 알아듣기 쉽지 않았는데, 한참 안 좋은 상태에선 말할 것도 없었다. 그럼 영어로? 나 영어 듣기 못한다니까? 게다가 약물 부작용으로 인한 구음장애에, 정신과적 상태로 인

한 심한 사고 이탈이 더해져 나는 그의 말을 도저히 알아들을
수가 없었다.

우리의 악전고투를 옆에서 바라보던 인도계 미국인 간호사
가 제안한다. 헤이 닥터. 너 지금 쟤가 하는 영어 못 알아듣겠
지? 나는 대충 알아듣겠어. 근데 나는 한국말을 몰라. 그러니
까, 쟤가 하는 영어를 내가 너한테 천천히 영어로 다시 들려줄
게. 그럼 도움이 될까? 아아 미스터, 땡큐. 플리즈. 그래서 두
한국인이 앉아서, 한국어를 한 마디도 못하는 미국인의 통역
을 통해 대화하는 진풍경이 연출되었다.

한 12년 전인가, 멀끔한 복장에 건장한 체격을 한 세 명의
아프리카인이 내 진료실에 들이닥친 적이 있었다. 한 사람은
심각한 조증 상태. 두 사람은 그 친구. 쉴 새 없이 이야기하며
과격한 행동을 보이는 환자의 진료를 위해 두 친구가 그를 병
원에 데리고 온 것이었다. 물어보니 그 셋은 남아프리카공화
국 사람이고, 한국에 정식으로 취업해 들어온 원어민 영어 교
사라고 했다.

그런데 문제는, 한국인들에게 영어를 가르친 지 꽤 여러 해
가 되었다는 그 남아공 환자가 하는 말을 내가 하나도 못 알아
듣겠는 거였다. 저것은 남아공 사투리인가? 호주나 인도 영어

는 영어 능통자도 잘 못 알아듣는다는데 남아공 영어도 그런가? 하지만 아무리 영어를 못하는 내가 들어도 저건 좀 많이 다른데? 난감해하는 나를 보며 환자의 친구는 안타까운 표정을 지으며 말한다. 선생님, 애쓰지 마세요. 어차피 못 알아들어요. 이 친구가 지금 하는 말은 줄루Zulu어예요.

강남에 솟아오르는
사우론의 탑

6·25전쟁 직전에 함경도에서 월남한 외할머니 는 손이 크고 음식 솜씨가 좋았던 데다가, 손님들을 불러다 먹이며 음식 솜씨 칭찬 듣기를 좋아했다. 그런 관계로 상당히 뚱뚱했는데, 그런 분이 평생 '작은 배 권사'라는 역설적인 별호로 불린 이유는 친언니인 '큰 배 권사'가 있었기 때문이다.

언니인 '큰 배 권사'는 역설적으로 상당히 아담한 체구였는데, 뚱뚱이 작은 배 권사와 말라깽이 큰 배 권사가 같이 걸어갈 때, 뒤에서 '큰 배 권사!'라고 부르면 예상과 반대로 체구가 작은 큰 배 권사가 '왜 불러!' 하며 돌아보는 장면이 꽤 우스웠다고도 한다. 〈개그콘서트〉가 없던 시절이니, 나름 장소팔·고춘자, 서영춘·구봉서 콤비의 만담 소재 같아 보이기도 했을 것 같다.

뚱뚱이 작은 배 권사도, 말라깽이 큰 배 권사도 지금은 이 세상 분들이 아니다. 오는 덴 순서가 있어도 가는 덴 순서가 없다는 말처럼 동생 쪽이 먼저 세상을 떠났는데, 풍채 좋던 시절의 동생 얼굴이 담긴 영정 사진을 보며 눈물짓던 언니 큰 배 권사의 왜소한 뒷모습이 지금도 생생하다. 언니도 여동생도 일흔을 훌쩍 넘긴 나이였지만, 자신보다 훨씬 큰 체구였지만, 언니의 눈에는 그저 안쓰럽고 눈에 밟히는 어린 동생인 것은 세상 떠나는 순간까지 어쩔 수 없는 모양이었다.

그분들의 증손주인 나의 아들에게는 한 살 더 많은 사촌 누나가 있다. 아들이 다섯 살이 되던 해인가, 설날 아침의 어느 집에서나 그렇듯 우리 집에서도 아이에게 떡국 한 그릇을 떠주며 이 국을 깨끗이 다 먹어야 다섯 살이 된다고 말해주었다. 다섯 살. 어른들의 말이라면 철석같이 믿는 나이 아닌가. 한 그릇을 게 눈 감추듯 먹고 난 아이는, 기쁘게 외쳤다. 이야, 이제 나도 윤재 누나랑 같은 다섯 살이야! 그 모습이 귀여웠지만, 사실을 정확히 알려주는 것 또한 부모의 책무다. 현섭아, 윤재 누나도 오늘 떡국을 한 그릇 먹었으니 누나는 이제 여섯 살이지. 순간 당황하던 아이의 눈빛. 그리고 쓸쓸하게 내뱉은 아이의 한마디는 꽤 오래 집안에서 회자되었다. '그럼 나는 언제 윤재 누나랑 같은 살이 돼?' 아아, 우리 아들이 윤재 누나의 오빠가 될 날은 정말 영원히 안 오는 것일까.

한 사람의 사람됨은 오랜 세월에 걸쳐 많은 요인에 의해 완성된다. 부모의 품성과 양육 태도, 형제 사이의 관계, 어린 시절 가족의 경제적 형편, 거주지 주변의 자연 환경, 주된 양육자의 행동들, 그 사회에서 일반적으로 아이에게 바라는 역할 등 이루 말할 수 없이 많은 그 사람 주위의 인적, 물적 구성이 모두 제 나름의 영향을 미쳐 한 사람이란 그릇을 빚어낸다.

물론 거기에 조부모와 부모를 거쳐 그에게 전달된, 조상 대대로의 유전자 또한 강력한 영향력을 미친다. 생각보다 많은 것이, 아이가 제 양육자와 본격적인 상호작용을 시작하기도 전에 이미 결정되어 있다.

한 사람의 사람됨, 마음 같은 것이 형성되는 데 영향을 미치는 많은 요소를 '타고난 것'과 '길러진 것'으로 나눠볼 수도 있다는 말이다. 전자를 'by nature', 후자를 'by nurture'라 운율을 맞춰 부르기도 하고, 기질과 성격이라는 용어로 나누기도 한다.

기질과 성격 각각을 측정하는 척도도 있기는 하지만, 한 사람의 품성을 이야기할 때 두 가지를 칼 같이 나눠서 구분하는 것은 쉽지 않다. 녹색을 제일 좋아하는 당신의 취향은 타고난 것인가, 길러진 것인가. 등산보다 해수욕을 더 즐기는 것은? 고소 공포증은? 정해인보다 남주혁에게 끌리는 마음은? 왜 당신은 휴가 때 바다에 가고 싶어 하고 당신의 배우자는 산에 가고 싶어 할까.

이러한 것 중에 가장 확실하게, '이것은 타고난 것이 아니라 길러진 것이다'라고 할 수 있는 것은 태어난 서열에 관한 것이다. 우리는 각자의 집안에서 맏아들, 맏딸, 둘째, 혹은 막내다. 우리는 모두 어느 집의 '몇째 자식' 혹은 '외동'으로 태어나고 알게 모르게 그 출생 순서에 따라 양육된다.

널리 알려진 '형만한 아우 없다'는 속담. 하지만 우리는 현실에서 동생보다 영 못한 형을 많이 알고 있다. 저 속담이 말하는 바는 실제로 형이 결국 아우보다 나은 사람이라는 사실이 아니라, '형이면 모름지기 동생을 거두고 보살펴야 한다'는 사회적 약속이 형에게 지워진다는 것을 의미한다.

굳이 부모가 명시적으로 이야기하지 않아도, 형은 형의 역할을, 동생은 동생의 역할을 한다. 아, 물론 각자가 그 역할을 잘하고 못하는 것과는 별개의 문제다. 이 관계가 역전되거나 어그러지는 일은 많은 경우에 파국이나 비극을 유발하기도 한다. 그렇게 벌어진 파국이나 비극의 결과로 관계가 역전되기도 하고, 거창하게 파국이나 비극까지 가진 않더라도 관계가 다소 불편해지는 일은 더 흔하게 발생한다.

동양 삼국의 어지간한 사람이라면 대충의 줄거리 정도는 알고 있을 중국의 고전《삼국지연의》. 전통사회에서 생길 수 있는 거의 모든 인간상과 대인 관계 양상을 포괄한다는 평을 들으며 오랜 세월 동안 많은 사랑을 받았다. 역사 소설인《삼국지연의》는 실제 정사와는 달리, 실존했던 역사적 인물들을 이야기의 재미를 위해 더러 범주화하고 극단화했다.

그중 하나가 덕의 상징인 유비와 대척점에 놓여 역적의 이미지가 덧씌워진 조조다. 하지만 사람들의 짐작과 달리, 실제로 조조는 한나라 황실을 끝내 배반하지 않았다. 황제의 권위를 넘어서는 권력을 가지고 황제 못지않게 행동했을 뿐이지, 정사에서는 물론 연의에서도 죽을 때까지 한 황실의 천자를 형식적으로나마 받들었으며, 끝내 한나라의 신하로 죽었다. 한나라를 무너뜨리고 위나라를 세워 초대 황제가 된 것은 조조의 아들 조비다.

조비는 조조의 장자가 아니다. 조조의 장남은 조비의 이복형이던 조앙이었다. 조앙은 장수와의 전쟁 중에 아버지인 조조를 구하고 죽었다. 당시 조비의 나이는 열 살가량. 조앙은 난전 중에 적들에게 포위되자 자신의 말에 아버지를 태워 도망시키고 자신은 적중에 남아 전사했다고 한다.

《삼국지》를 다룬 일본 만화《창천항로蒼天航路》에서는 이 부분이 더욱 극적으로 묘사된다. 적에게 포위된 조조와 조앙 부자. 타고 도망갈 수 있는 말은 단 한 마리. 아들 조앙은 머뭇거리는 아버지 조조에게 외친다. "조앙 자수가 아버지 조조 맹덕에게 지시한다! 내 말을 타고 빨리 적진을 빠져나가라!"

제사 챙길 제 몫의 자식 하나 남기지 못하고 젊어 죽은 자식에 대한 안타까움의 표현인지도 모르겠지만, 조조는 두고두고 맏아들의 죽음에 마음 아파했으며, 조앙의 죽음으로 장자의 자리에 앉게 된 조비조차 자신이 '그 조조'의 장자임을 감히 자임하지 못했다. 조비는 즉위하고 난 후에도, 항상 "내 형은 효성과 염치로서 제 분수를 지켰다. 만일 형이 살아 있었으면, 나는 천하를 얻지 못했을 것이다"라고 했다고 전해진다.

조앙이 죽은 뒤, 조조는 조비를 후계로 정하고서도 애정을 충분히 주지 않았다. 그것은 조조의 성격 탓도 있었을 것이고, 서로 다른 신분이었던 조앙과 조비의 외가의 영향도 있었을 것이다. 하지만, 비명에 간 장자 조앙에 대한 조조의 뒤늦은 애착이 후계자 조비의 성장에 결코 좋은 영향을 미치지 않았을 것이란 점은 쉽게 짐작할 수 있다.

장자로 태어나지 못한 아들. 뒤늦게 주어진 후계자의 자리. 확실하지 않은 지위와 그 불확실성을 더욱 증폭시키는 아버지의 차가운 태도. 조비는 자신의 이복 동생들이 자기 자리를 빼앗을까 봐 전전긍긍하며 지냈다. 야심 많은 부하 장수들이 형제 사이를 이간질했다. 동생 중 가장 탁월했다는 조식과 칠보시七步詩를 지으며 나눈 이야기가 오래 기억되는 이유이기도 하다.

태어난 대로 살지 못해 마음에 어려움이 남은 사람들의 이야기는, 조금만 돌아보면 주변에서도 쉽게 찾아볼 수 있다. 꽤 오랜만에 삼성역 사거리에 갔다가 그 동네의 터줏대감이던 '한전 사옥'이 헐려 없어진 것을 보고 놀랐던 기억이 있다. 물론 그 알짜배기 땅이 물경 10조에 H 그룹에 매각되었다는 것, 그리고 H 그룹의 회장은 한전 사옥을 철거하고 그 땅에 한국에서 제일 높은 건물을 세우기로 했다는 것 정도는 들어서 익히 알고 있었다.

하지만 어린 시절의 기억이 닿는, 거의 처음부터 그 자리에 있었던 것 같던 한전 사옥이 없어진 삼성역 사거리는 당황스러울 정도로 낯설었다. 그 건너편, 인터컨티넨탈 호텔 건물과 무역센터 건물 사이에 새로 솟아오른 파르나스타워 건물은, 한전 건물의 부재에 비하면 상대적으로 놀랍지도 않았다. 사람처럼 고층 건물도, 든 자리는 몰라도 난 자리는 쉽게 눈에 띄는 것인지.

H 그룹 회장이 한전 건물을 헐어낸 자리에 짓는다는 새 사옥은, 탄천 너머에 이미 L 그룹이 지어 올린 고층 건물보다도

높을 것이라고 한다. 현재로 한국에서 제일 높은 건물이라는 그 건물은 굳이 서울에 가지 않아도, 내가 사는 성남에서도 건너다 보인다. 아마 안양이나 하남, 광주, 구리에서도 마찬가지일 것이다. 이제 H 그룹의 새 사옥은 그보다 더 높아진다고 하니, 어쩌면 남양주나 과천에서도 보일지 모르겠다.

하늘을 찌를 듯 치솟은 그리고 조만간 치솟을 건물의 주인인 두 사람이 모두 맨손에서 거대한 부를 이룬, 개발 시대 자수성가의 대명사인 두 창업자의 아들들이란 점이 흥미롭다. 게다가 둘 다, 그 무섭고 거대한 아버지에게 선뜻 인정받지 못한 계승자라는 점 역시.

세간에 알려졌다시피, H 그룹의 전 회장은 자신의 유업을 장자가 아닌 다섯째 아들에게 넘겼다. L 그룹의 창업주 또한, 이미 회장 자리를 굳힌 차남을 절대 자신의 후계자로 인정하지 않았다. 그 모든 사정에 맥락이 있고 사연이 있을 터이니 한 마디로 뭉뚱그릴 수야 없다. 하지만 '인정받지 못한 장자'가 된 아들도, '장자가 아니어서 인정받지 못한' 아들도, 아버지를 향한 그 마음은 모두 복잡다단하지 않았을까.

두 사람은 어쨌거나, 이런저런 질곡을 겪고 아버지의 제국을 실질적으로 물려받았다. 아니, 쟁취했다. 그 두 사람이 강남의 한복판에 다락같이 높은 탑을 지었고, 짓고 있다. 그 탑들은 어찌나 높은지, 보기만 해도 아찔해진다. 그 거대한 상징이 의미하는 바가 민망할 정도로 너무 적나라하여, 굳이 프로이트의 심리학까지 꺼내와 이야기할 필요도 없을 것 같다. 아주 오래전부터 높은 탑은 강력한 남성성의 상징이었으니까. 아버지에게서 인정받지 못한 장자의 꿈은, 그렇게 마음 깊은 곳에 흔적을 남기는 것일까.

183

2장 가늘게 반짝이는 순간

빈둥거리는 자의
고통

마땅히 할 일이 없는 휴일엔 모름지기 빈둥거려야 제맛이다. 등산을 가고, 자전거를 타고, 어학 공부를 하고, 그러면서 휴일을 보내는 자들은 훠이훠이. 저리 멀리 가세요. 여기는 당신이 올 곳이 아니에요. 소설가 김훈이 쓴 소설《칼의 노래》의 서문을 빌려와 본다. '제군들은 희망의 힘으로 살아 있는가. 그대들과 나누어 가질 희망이나 믿음이 나에게는 없다. 그러므로 그대들과 나는 영원한 남으로서 서로 복되다.'

'휴일은 모름지기 빈둥거림이 제맛'이라는 나의 의견에 찬동한다면서 어떤 이는 말한다. 맞아요. 빈둥거림, 그거 중요해요. 저는 시간이 날 때 밀린 드라마를 본다거나 개봉을 놓친 영화를 다시 보며 빈둥거려요. 천만의 말씀. 그것은 빈둥거림이 아니다. 그것은 여가 선용이다. 심지어 눈으론 드라마나 영화를 보면서 손으론 빨래를 갠다거나 하는 사람들은, 더더욱 빈둥거림과는 거리가 멀다. 그건 빈둥거림이 아니라, 성실함이다. 빈둥거림이란 모름지기 멍하니, 아무 계획 없이, 아무 보람도 없이, 무의미하게 보내야 하는 것이다.

세상에서 가장 무의미하고 보람 없는 빈둥거림은 TV를 끼고 누워 있는 것이다. 그리고 TV를 가지고 할 수 있는 가장 훌륭한 빈둥거림은, 무의미하게 채널을 돌리며 하릴없이 시간을 보내는 것이다. 예전엔 지상파 채널 세 개 외에는 더 볼 채널도 없었지만, 요새는 수십 가지의, 맘만 먹고 돈만 좀 쓰면 수백 가지의 채널을 구경할 수 있다. 그 한없는 화면의 바다에 빠져서 허우적대지도 않고 조용히 가라앉는 것, 잠수하는 것, 혹은 익사하는 것. 무의미하게. 그것이야말로 진정한 빈둥거림이며 그것이 나의 여가 선용이다.

나의 빈둥거림의 연조는 길고도 오래되었다. 어릴 땐 그렇게 누워서 TV를 보고 있노라면, 어머니나 여동생이 와서 발로 나를 슥, 밀기도 했다. 왜 밀어? 하고 물었을 때의 대답. 응, 하도 한 자세로 누워 있길래 욕창이 생길 것 같아서 좀 밀었어.

그렇다고 해서 그렇게 누워서 빈둥빈둥, 이 채널 저 채널 돌리고 있는 시간이 꼭 무익한 시간인 것만은 아니다. 요일과 시간에 따라, 각 채널에서 공통적으로 방영하는 프로그램의 일정한 법칙 같은 것을 알아차리기도 한다. 이를테면 일요일 저녁 이후 시간에 케이블의 홈쇼핑 채널은 압도적으로 여행 상품 소개가 많다. 아마도 내일이 되어 출근을 할 생각에 온몸이 비틀리는 괴로움을 느끼고 있는 시청자들에게는 그때가 '여행을 떠나요'라는 유혹이 가장 귀에 솔깃하게 들릴 시간대라 그럴 것이다.

명절을 앞둔 시기엔 유난히 '○○셰프가 추천하는 갈비 20인분 세트' 광고 같은 것이 많고, 어버이날을 즈음해선 비타민이나 홍삼 같은 각종 효도 상품 광고가 넘쳐난다. 밤 10시나 11시 정도 되어 속이 출출해질 시간쯤의 홈쇼핑 채널은 각종 간식거리 광고의 차지다. 그렇다면 지금 홈쇼핑 채널에서 나를 유혹하는 저 탈모 방지 샴푸는 과연 어떤 알고리즘을 거쳐 내 앞에 방영되고 있는 것일까. 그 깊은 속뜻은 알지 못하겠으나 그래도 나이에 비해선 선방 중인 나의 머리숱을 생각하면 적어도 나를 유혹하는 건 실패다.

생각해 보면 나도 딱 한 번, 머리에 원형 탈모가 생긴 적이 있었다. 5백 원짜리 동전 하나 정도의 크기였는데, 윗머리로 대충 가릴 수 있는 부위라 눈치챈 사람은 별로 없었다. 원형 탈모의 원인을 정확히 밝히는 것은 어려운 일이며, 보통은 스트레스 등으로 인한 자가 면역계의 혼란을 원인으로 여긴다. 원형 탈모가 생기던 당시 나는 대학원 석사 논문을 쓰고 있었는데, 과정이 녹록지 않았다. 나는 그 일 때문에 내가 마음을 쓰고 있다는 것을 인정하기 싫어서 탈모와 논문 사이의 연관성을 애써 부인했다.

그러다가 시간이 흘러 (세상 모든 석사 논문이 그러하듯) 그 논문도 우여곡절 끝에 통과가 되어 학위를 받게 되었는데, 그때쯤 거짓말처럼 원형 탈모도 호전되었다. 볼썽사나운 땜빵이 없어져서 좋긴 했는데, 영 마음 한구석이 찜찜했다. 내가 논문 따위(!)에 그만큼 얽매여 있었다는 것을 도무지 인정하기 싫었다. 내가 생각하는 내 모습은, 그보단 좀 더 '쿨한' 것이었기 때문에.

나는 사람의 무의식이 상상할 수 있는 모든 일을 사람의 몸에 일으킬 수 있다고 배웠고, 그렇다고 믿는다. 정신과에선 그것을 '신체화 증상somatization'이라고 부른다. 지금껏 겪은 신체화 증상 가운데 제일 놀라운 것은 '상상 임신pseudocyesis'에 관한 것이다. 산부인과 전공인 대학 동기가 전해준 한 증례를 보면.

임신 8개월의 산모가 한 지방 의료원의 응급실로 실려왔다.

꾸준히 산전 진단을 다니던 산모는 아니고, 초진이었다. 산모와 가족은 출산이 임박해 진통이 온 것 같다고 했다. 배는 꽤 불러 있었고, 산모는 주기적인 진통을 호소했다. 기간에 비해서 배가 많이 부르진 않았지만, 8개월째 생리가 한 번도 없었다고 했다. 산모도, 남편도, 같이 온 시어머니도 산모의 임신 사실을 의심하지 않았다. 8개월이 되도록 산부인과를 한 번도 찾지 않았다는 것이 어딘가 이상하긴 했지만, 친구도 산모의 초음파를 찍을 때까지는 그 환자가 산모임을 의심하지 않았다. 그런데.

초음파상에선 산모의 복부에 태반도, 양수도, 태아도 없었다. 임신이 아니었던 것이다. 상상 임신이었다. 그럼 그 남산만한 배는 다 뭐야?라고 물었더니 친구가 대답하길, 그게 다 가스더라고. 그러니까, 방귀 말이야.

충분히 짐작할 수 있듯, 그 산모 아닌 산모는 가부장적인 남존여비 문화가 지배하는 지방 도시에서 위로 내리 딸만 여럿 낳은 사람이었다. 다음번엔 꼭 떡두꺼비 같은 아들을 낳아야 한다는 시댁의 모든 기대가 그에게 쏟아졌고, 그는 시댁의 요구에 부응해야 한다는 의무감과 더 이상의 출산과 육아는 무리라는 현실적 판단 속에서 힘들어했다.

그 모든 내적인 갈등과 외적인 압박이 겹쳐져서 그의 뱃속에선 가스로 이루어진 상상 속의 태반과 양수와 태아가 자라났다. 그의 무의식의 지령을 받은 내분비기관이 협조하여 생리를 끊었다. 소화기관은 지속적으로 가스와 변비를 만들어 그의 부른 배를 늘려가며 상황에 협조했다. 친구에게 물었다. 그래서, 네가 상상 임신이라고 진단하니까 어떻게 되었어? 그게, 신기하게 그 말을 하고 나니까 가스가 피식 나오면서 배가, 조금 들어가더라.

지금에 와서 생각하면, 원형 탈모가 생길 때의 나는 생전 없던 탈모가 생길 만큼 그 일에 신경을 쓰고 괴로워했음을 부정할 수 없다. 그때 나는 난생처음으로 불면증까지 경험했다. 내 무의식은 나에게 탈모로 조용히 위험 신호를 보냈고, 남의 참견 없이 혼자 해결할 수 있게 그 부위도 특정해 주었다. 이 시나리오는 다 그 시절이 지났기 때문에 스스로 인정할 수 있는 것이다.

이러한 신체화 증상은 증상 그 자체로도 의미를 지니지만 우울증 같은 정신질환의 다른 얼굴로 나타나는 경우도 많다. 우울증은 기분이 가라앉고 매사 의욕이 없으며, 우울해하다가 심할 경우 삶의 의욕마저 사라져 죽고 싶다는 생각이 들게 만들기도 하지만, 많은 경우 '이유 없이 여기저기가 아프다'는 증상으로 나타나곤 한다. 우리가 속해 있는, 직접적으로 감정을 표현하는 것을 꺼리는 문화에선 더욱 그렇다.

"젊어서 시집살이를 심하게 했다. 시어머니 무서워서 할 말도 못하고 살았고, 산후 조리도 제대로 못 받았다. 마흔 넘을 때까지 안 한 고생이 없다. 이제야 좀 살 만한데, 이럴 수가. 언젠가부터 온몸에 아프지 않은 곳이 하나도 없다. 병원에 가서 검사란 검사는 다 해봤는데 서울대학병원에서도 못 잡아내더라. 그러다가 스님의 설법을 듣고/용한 무당에게 푸닥거리를 하고/목사님에게 안수를 받고 나니 무슨 수를 써도 안 잡히던 통증이 잡히더라"같은 이야기는 참으로 많이 듣지 않았나.

열 길 물속은 알아도 한 길 사람 속은 모른다는 속담. 그 속담은 옳아도 너무 옳은 말이다. 그 알 수 없는 속을 들여다보는 것은, 재미있기도 하고 어렵기도 한 일이다. 2미터도 채 안 되는 사람의 마음 안에, 온 세상 삼라만상보다 더 많은 궁리와 사연과 눈물과 폭소가 들어 있기도 하다. 그러니 우리는 마음의 병이 깊어지기 전에 누워서 빈둥거리며 재충전의 시간을 꼭 가져야 한다니까, 여보.

모두 제 위치에서만
보려 한다

삼손은 이스라엘 사람들이 이민족 블레셋 사람들의 통치를 받던 시대의 이스라엘 출신 장사다. '나귀의 턱뼈로 블레셋 사람 천 명을 때려죽였다'라는 기술이 구약성경에 적혀 있는 것으로 미루어, 매우 오래된 기록임을 감안하더라도 범상치 않은 괴력의 소유자였음은 확실하다. 거기에 더하여, 당시의 지배자인 블레셋 사람들에겐 상당한 골칫거리였다는 것 또한 확실하다.

많이 알려졌다시피, 그 괴력의 사나이는 '들릴라'라는 미녀의 계책에 넘어가 그 힘의 근원인 긴 머리를 잘리고 몰락한다. 이스라엘 사람의 손으로 적힌 구약성경의 사사기는, 이 삼손의 몰락을 안타까이 기록했다. 이후 유럽의 기독교적 세계관하에서 들릴라는 남자를 망치는 악녀의 대명사가 되었고 이 구도는 렘브란트 등 여러 예술가에 의해 변주되었다. 생상의 오페라, 20세기에 들어선 할리우드 영화를 통해서까지 시각적으로도 물화되면서 '악녀 들릴라'는 불변의 확고 부동성을 얻었다.

하지만 블레셋 사람의 시각에서 들여다보면, 이 이야기는 전혀 다른 기승전결로 기록될 수도 있을 것이다. 오래도록 불화해 온 이웃의 두 민족은 짧은 화친의 기간을 제외하면 상대방의 피로써 자기 민족의 피를 씻는, 인종 청소 같은 잔혹한 전쟁을 수도 없이 치렀다. 모처럼 전세가 자기들 쪽으로 기울어 40년간 힘의 우위를 얻었는데, 적진에 난데없는 천하장사가 나타났다. 원수에 대한 식민 지배의 꿈은 물거품이 되었고, 그 상태로 무려 20년이 흘렀다. 대규모 토벌전과 숱한 암살 시도가 실패로 돌아갔다.

그때 나타난 한 여인, 그 이름 들릴라. 들릴라의 기지로 난공불락이던 적장은 허무할 정도로 쉽게 쓰러진다. 수많은 전사의 피를 흘리고도 이루지 못한 일을, 아름다운 외모와 놀라운 기지로 이뤄낸 작은 여인. 우리가 사당까지 지어서 추모하는 진주 의기 논개가 연상되는 쾌거다. 아, 물론 전적으로 블레셋 사람의 입장에서다.

구약성경 이야기를 하나 더 해보자. 풍운아 삼손의 때로부터 수백 년이 흘러 다윗과 솔로몬의 시대도 다 지난 뒤, 유대인들이 세계 제국 페르시아의 종속국이던 시절의 이야기다. 구약성경의 에스더서는, 아마도 크세르세스 1세일 것으로 추정되는 페르시아 왕 아하수에로의 계비였던 유대인 여성 에스더의 이야기를 다룬다. 유대인의 큰 명절인 '부림절'의 연원이 되는, 이스라엘 사람들이 종족 멸절의 위기를 모면하고 전화위복으로 흥성하게 되는 이야기다.

이스라엘의 전성기를 구가한 투톱인 다윗 왕과 솔로몬 왕이 죽은 뒤, 유대인의 나라는 지리멸렬한 내전 끝에 북쪽 이스라엘과 남쪽 유다로 분단된다. 이후 두 나라는 서로를 못 잡아먹어서 내내 충돌한다. 다른 세력을 등에 업고 제 민족의 등에 칼을 꽂기 수차례, 두 나라는 결국 각각 대제국 아시리아와 바빌로니아에게 멸망한다. 그중 남쪽 유다를 멸했던 바빌로니아의 이민족 통치는 그 성질이 잔인하기로 유명했다. 중동의 원근 각처를 통합한 뒤 잡다한 여러 민족으로 구성된 세계 제국을 안정적으로 유지하고 반란을 막기 위해 이들은 피지배 민족들을 제 원주지에서 강제로 이주시키는 책략을 쓴다. 망국 유다의 백성들도, 바빌로니아 황제에 의해 고향 가나안에서 쫓겨난다. 이것이 그 유명한 '바빌론 유수'다.

193

당하는 피지배 민족 입장에서는 처절한 일이겠으나, 세국의 힘이 강력할 때는 이것이 꽤나 유용한 지배와 통제의 수단이 된다. 연해주에서 중앙아시아로 강제 이주당한 '재쏘 고려인' 동포들의 이야기나, 애팔래치아산맥 동부의 원주지에서 서부의 황량한 땅으로 내몰린 아메리카 인디언의 경우처럼.

허나 무엇이 되었건 인위적인 갈림과 이산은 심각한 부작용을 낳는 법. 바빌로니아는 결국 이민족들의 봉기 앞에 무너졌고, 바빌로니아의 뒤를 이은 대제국 페르시아는 각 민족들에게 원주지 복귀를 허용하고 유화적인 연방의 길을 간다. 그 와중에 페르시아의 황도 수사에 남은 유대인들 가운데 경국지색의 미녀가 태어난다. 그녀의 이름이 에스더다.

조실부모하고 나이 터울이 많이 나는 사촌 오빠 밑에서 일종의 양녀처럼 자랐다는 기록을 보면, 그녀는 한미한 신분이었던 것 같다. 그들의 거주지는 세계 제국 페르시아의 수도. 왕족의 후손이거나 귀족이었더라도 별 볼 일 없었을 신분인 변방의 소수 민족 출신 이주민인데, 하물며 이민족 중에서도 미천한 신분이었던 것이다. 그러나 그 모든 조건을 상쇄할 정도의 미모는 소녀의 운명을 뒤집는다. 홧김에 황후를 폐위한 황제의 눈에 들어, 대제국 페르시아의 황후가 된 것이다. 이제 '오래오래 행복하게 살았답니다'로 인생이 마무리되면 딱인데, 삶은 언제나 그렇게 간단하게 흘러가지 않는 법이다. 자신과는 별 상관없을 줄 알았던 '민족 문제'가 황후 에스더의 앞에

떡하니 떨어진다.

다른 민족 출신의 제국 관료가 사소한 이유를 들어 에스더의 민족 전체를 황제에게 참소하자, 황제가 그 말을 인정해 유대인 전체가 멸족의 위기에 처한다. 에스더를 거두어 키웠던 사촌 오빠는 에스더에게 오래된 청구서를 내민다. '황제를 설득하여 민족을 구하라.' 에스더는 고민 끝에 그 말을 따라 제국의 규율을 어기고 황제에게 탄원한다. 마침내 참소자의 비리가 밝혀지면서 오히려 그의 목이 날아간다. 에스더는 민족의 구원자가 되어 구약성경에 그 이름이 등재된다.

앞서 말한 이야기의 주인공인 구약의 두 여인 들릴라와 에스더는 모두, 그 출중한 외모로 인해 역사적인 시기에 역사적 인물과 역사적인 관계를 맺게 된다. 여성의 역할이 제한되고 여성이 천시받던 고대의 이야기이니 여성으로서 역사에 이름을 남길 수 있는 기회는 더욱 제한되어 있었을 것이다.

두 여인에게는 '민족의 미래'를 타개할 중대한 책무가 주어졌고, 두 사람 모두 사력을 다해 맡겨진 일을 수행해 내어 결국 성공한다. 그들의 민족은 그들로 인해 멸망의 위기에서 가까스로 기사회생했고, 그 모든 과정이 역사에 기록된다. 하지만 재밌게도 우리는 한 사람은 천하의 악녀로, 한 사람은 천하의 성녀로 기억한다. 두 여인에 관한 에피소드는 '한쪽 편'이 적은 기록으로만 전승되었기 때문이다. 한 여인은 그 역사를 기록한 사람들과 같은 편이었고, 또 한 사람과는 반대편이었다.

195

유대인의 역사적인 끈질김과 그에 대한 호오에 대해서 이야기하고 싶어서 두 여인을 불러낸 건 아니다. 어찌 보면 세상 모든 민족의 역사는 다 그러한 편향성을 가지고 있다. 우리 역사에도 고려의 무장 윤관이 9성을 개척했을 때, 여진족이 반복해서 제발 그 땅을 돌려달라고 애걸하여 그 땅을 돌려줬다는 이야기가 나온다. 9성이 함흥이었는지 만주였는지, 9성의 반환은 애걸 때문에 인도적 측면에서 돌려준 것인지 경영할 능력이 없어서 포기한 것인지에 대한 이야기는 일단 제쳐두고, 고려의 입장에서 영광의 진격이었을 9성 획득이 여진족에겐 피맺힌 상실이었음을 쉽게 짐작할 수 있다. 세종의 북방 4군 6진 개척도 그러하고, 미국 백인들의 서부 개척도 마찬가지이며, 베트남의 통일도 북베트남과 남베트남의 입장에 따라 전혀 반대의 이야기인 것도 그렇다.

다만 우리 모두는 어쩔 수 없이 '한쪽 편'에 속해 있는 사람이다. 그렇기에 내 편 아닌 다른 쪽의 편을 들 수는 없다. 하지만 손바닥만 뒤집어 봐도 당장 알 수 있는 역사적인 사건의 이면을, 그 평가의 거울상인 다른 평가를 떠올려 보고 그곳에 공감할 수는 있지 않을까? 민족 구원의 찰나에 머리를 깎이고 힘을 잃은 삼손의 처지를 안타까워함과 동시에, 제 민족을 백척간두의 위기에서 구해낸 들릴라의 재치와 기지를 인정할 수는 있어야 할 것이다. 그래야 에스더가 제 민족을 구하기 위해 제국의 법도마저 어기고 탄원을 낸 모든 과정에 박수를 보낼 수 있는 절차적 정당성이 확보될 테니까.

심리학이나 정신분석학에선 비슷해 보이는 두 단어인 sympathy와 empathy를 구분한다. 각각 한국어로 동감과 공감이라고 번역은 하지만 그 차이가 정확히 이해되지는 않는다. 굳이 어원을 분석해 보자면 동감sympathy은 '(상대방의 감정을) 같이 느낀다'는 의미다. 그와 달리 공감empathy은 '감정을 이입한다, (상대방의 감정에) 들어가 본다'는 의미다. 흔히 empathy가 더 깊이 있는 감정이라고 하지만, 단순히 상하나 포괄의 개념으로 둘을 자리매김하는 것은 무리다. 두 감정 모두 인간으로서 가치 있는 감정이다.

정신분석학에서 두 용어는 학파에 따라 해석을 약간씩 달리할 수 있으나, 자신이 그 상황에 처해봤기 때문에 그 마음을 이해할 수 있는 것이 전자, 비록 그 상황에 처해보지는 않았지만 상식선에서 그 상황을 충분히 이해할 수 있는 것이 후자라고 표현할 수도 있다. 사고로 자식을 잃고 비통하게 울고 있는 어머니에게 '나도 예전에 자식을 사고로 잃어봐서 그 마음을 안다'며 손 잡아주는 것이 동감이고, 비록 그런 상황을 직접 겪진 않았지만 자식을 잃는다는 것이 부모에게 어떤 심정일지를 사회화와 교육의 과정을 통해 충분히 습득한 인간으로서 그 부모의 마음을 충분히 헤아려 주는 것이 공감이다. 오열하는 세월호 유가족의 손을 잡아주던 광주 희생자의 어머니들의 심정이 동감이라면, 역시 가슴 아파했던 다른 모든 국민들의 마음은 공감이라고 거칠게 설명해 볼 수도 있겠다.

구약의 유대인이라면, 자기 민족을 위기에서 구한 에스더의 애국을 보며 열광할 수 있다. 그것은 같은 민족으로서 느끼는 동감의 영역일 것이다. 삼손의 실패를 보며 안타까워할 수도 있다. 그 역시 동일한 언어와 역사를 공유하는 민족으로서 느끼는 동감의 일부일 것이다. 하지만 만약, 나는 이스라엘 사람이지만 블레셋 사람의 입장에선 들릴라의 행동이 최선이었다고 생각해 보는 것, 그 지점이 공감의 영역이라고 생각한다.

우리 시대가 가지고 있는 가장 적나라하고 참혹한 모순 가운데 하나는 팔레스타인 사람들을 박해하는 현대 이스라엘 국가의 사람들이다. 현대 국가로서의 이스라엘은 종교와 정치가 분리된 세속 국가이지만, 국민의 대부분을 유대인이 차지하는, 심정적인 의미에선 구약의 이스라엘을 계승한 국가다. 알다시피 그들은 중세 내내 유럽에서 모진 인종적 차별과 박해를 당했고, 20세기 중반엔 나치 독일에 의해서 인류 역사상 미증유의 참혹한 학살을 당했다. 비록 과장된 부분이 아예 없을 수 없다지만, 그들이 겪은 이산의 역사, 차별의 역사, 학살의 역사는 인류 문명의 야만성을 적시하는 가장 끔찍한 실례이며, 우리는 그 역사를 통해 '차별의 부당함'과 '박애'라는 인류 공통의 가치를 배운다.

현재 이스라엘이라는 나라가 수립된 땅에 유대인과 아랍 팔레스타인인들의 정치적 갈등을 유발한 것은 오래전의 영국 제국주의였다고들 한다. 하지만 생각해 보면 이스라엘을 건국한 주류 유대인들에겐 팔레스타인 사람들을 포용할 많은 기회가 있었다. 태어난 땅에서 쫓겨날 위기에 처한 팔레스타인 사람들. 그들을 보고 이스라엘 사람들은 과거의 자신들을 떠올리며 공감뿐 아니라 동감까지 할 수 있었다.

하지만 이스라엘인들은 그렇게 하지 않았다. 오히려 나치 독일 못지 않은 가혹한 박해자가 되어 팔레스타인인들에게 모진 시련을 가했다. 같은 아픔을 겪었던 자로서의 동감도, 인류 공통의 감정으로서의 공감도 거부한 그들을 우리는 그냥 새로운 제국주의자라 부른다.

사실, 이 긴 이야기는 먼 중동의 이야기인 동시에 바로 우리의 이야기이기도 하다. 우리는 아이들에게 잔인했던 일본제국의 식민 통치를 적나라할 정도로 낱낱이 가르친다. 자원을 약탈당하고, 교육의 기회를 빼앗기고, 총알받이로 전쟁에 동원되었다고. 종국에는 그들 군대의 성욕 해결을 위한 노예로 끌려갔던 이야기까지 아이들에게 가르친다. 우리는 그 참상을 세계인에게 고발하기도 하는데, 그럴 때 우리가 바라는 점은 그 참혹한 상황을 직접 겪진 않았을 세계인들이 우리의 과거에 대해 공감을 느끼는 것이다. 그런 우리가, 이제 우리 앞에 같은 공감을 바라며 지친 몸을 의탁한 예멘을 비롯한 세계 각처의 난민들을 포용하지 못한다면, 과연 누가 우리가 겪은 고통의 세월을 같이 아파해 줄까.

각자의 마음에 감추는
북극곰

아들은 제 방이 생기고 엄마 아빠와 떨어져 자
게 되면서부터 침대 머리맡에 인형들을 두고 잤다. 그중 하나
인 북극곰 인형의 이름은 (터프하게도) 그냥 '북극곰'이었는데,
꽤 오래 만지작거리다 보니 손때를 타서 북극곰이란 이름이
무색해질 만큼 흰색이기보다는 회색 곰이 되어버렸다.

어린 아들은 무심결에 잠이 들려 하다가도, 제 곁에 북극곰
이 없는 것을 알게 되면 방 전체를 다 뒤져서라도 북극곰을 찾
았다. 그렇게 찾은 곰을 머리맡 제자리에 잘 모셔두어야만 다
시 잠이 들었다. 엄마 아빠와 떨어져 혼자 자게 되었을 때의 불
안한 마음을, 아들은 북극곰을 껴안고 자며 달랬던 것이다.

그래서인지 북극곰이 없어도 될 나이가 되고도 한동안, 아

이는 왠지 북극곰이 옆에 있어야 마음 편하게 잠이 온다고 했다. 그게 어디 이 아이만의 일일까. 미국 만화 스누피의 등장인물 중 하나인 라이너스는 늘 지저분한 담요 하나를 끌고 다닌다. 'transition blanket'이란 이름으로 알려진 라이너스의 그 담요는 우리 아이의 인형 북극곰과 같은 의미를 가졌을 것이다. 그밖에도 상당히 많은 아이가 성장기의 한때 곰인형, 혹은 담요, 혹은 거즈 수건으로 엄마와의 분리 불안을 달래며 자란다.

사람이 모여 형성된 사회는 때론 개개의 사람과 비슷한 모습을 갖는다. 사람이 느끼는 불안을 사회가 집단적으로 느끼는 경우도 있다. 국가란 것이 사회의 가장 큰 형태라고 볼 때, 담요를 끌고 다니는 라이너스의 불안이 국가적 움직임으로 나타나기도 한다. 그래서 가끔은 국가에게도 담요나 북극곰 인형이 필요한 것은 아닌가 싶을 때도 있다. 몇몇 공산주의 국가에서 있었던 일을 통해 재미난 상상을 한번 해보면.

죽은 뒤 한 줌 재가 되어 베트남 땅 남부, 중부, 북부에 나눠 묻히길 원했다던 호찌민Ho Chi Minh. 하지만 그의 시신은 화장은커녕 매장도 되지 못하고 영구 방부 처리된 미이라가 되었다. 호찌민의 후계자인 베트남 공산당의 고위직들이 그의 유언을 뒤집은 것이다.

지금도 베트남의 수도 하노이를 방문하는 사람들은 시내 중심부 바딤 광장에 위치한 거대한 석조의 영묘를 볼 수 있다. 그 영묘 안에선 미이라가 된 호찌민의 시신이 참배객을 맞는다. 1969년 사망 이후 반세기 가까운 시간이 흘렀지만, 여전히 시신은 매해 일정 기간 동안 러시아로 보내져 비싼 비용으로 추가 방부 처리까지 받아가며, 세월을 거스르고 있다.

비슷한 사연은 우리와 가까운 곳에서도 찾아볼 수 있다. 평양에 위치한 소위 '금수산 태양궁전'의 제일 중심에는 1994년과 2011년 사망한 북한의 지도자 김일성과 김정일의 시신이 방부 처리를 거쳐 영구 보존되고 있다. 그들은 북한에서 각각 '태양'과 '광명성'에 비유된다. 우리나라 방송에도 간간이 보이듯, 북한의 현재 지도자 또한 제 아버지와 할아버지의 시신을 자주 찾는다. 그는 여러 가지 이유로 그곳을 찾겠지만, 그 이유가 매번 '효심'만은 아닐 것이다.

1976년에 사망한 중국의 마오쩌둥의 시신 역시 영구 방부 처리되어 천안문 광장의 거대한 기념관에 전시되어 있다. 영구 방부 처리 시신의 원조 격인 소련의 레닌 역시, 그 보전 여부에 대한 많은 논란을 뒤로한 채, 1924년 사망 이후 한 세기 가까이 지나도록 모스크바 붉은 광장의 한 자리를 차지하고 있다.

죽은 지도자의 시신을 미이라로 만들어 전시하는 일은 몽골, 불가리아, 체코슬로바키아 등지에서도 일시적으로나마 있었다고 한다. 모두 구 공산권에 속하던 나라들이다. 호찌민, 김일성, 김정일, 마오쩌둥, 레닌의 사후에 집권한 '공산당 지도자'들은 왜 때로는 죽은 이의 간곡한 유언까지 뒤집는 무리수를 두면서 죽은 지도자의 시신을 미이라로 만드는 것일까.

알다시피 공산주의의 가장 기본적인 전제 가운데 하나는 유물론이다. 공산주의자들의 세계관에서 신은 부정된다. 러시아 혁명 이후 공산주의 국가들은 제 국민들에게 종교의 자유를 허락하지 않았다. 그들은 '종교는 인민의 아편'이라고 믿었고, 환상의 행복인 종교를 폐지하는 것이 인민의 진정한 행복을 위한 필요조건이라 생각했다.

사실 그래야 할 정도로, 공산주의 혁명이 싹트던 시기에는 종교로 인한 사회적 문제가 많이 발생하기도 했다. 러시아 정교의 경우, 러시아의 마지막 황제 니콜라이 2세와 황후 알렉산드라의 뒤에서 갖가지 '국정 농단'을 일으킨 요승 라스푸틴의 존재가 그러했다. 그는 러시아 혁명의 원인 중 하나로 거론될 정도다.

혁명 이후 수립된 소비에트 정부는 특별한 열의를 가지고 러시아의 종교적 전통에 탄압을 가했다. 물론 이 또한 외형적 공정성을 가져야 했기에, 정부는 다음 같은 공식 입장을 밝혔다. '우리나라에는 종교의 자유 및 반 종교 선전의 자유가 있습니다.' 논리적으로 공평해 보이는 이 논제가, 실제로 어떻게 편향되어 운영됐는지는, 군이 추가 설명이 필요하지 않으리라 생각한다. 러시아 중심부에서 많은 러시아 정교 사제가 살해되고 수도원은 폐쇄되었으며, 투르키스탄이라 불리던 중앙아시아의 많은 이슬람권 국가들—카자흐스탄, 우즈베키스탄 등—에서도 무슬림들은 종교 생활에 많은 고통을 받았다.

하지만 인간의 심정은 유장한 것이고, 논리를 초월해 절대적인 존재에 귀의하고 싶은 마음은 동서고금을 막론하고 인간의 기본 심성이다. 혹자는 이를 '약한 심성'이라 할지도 모르지만, 모진 삶에 지친 이들의 마음에 더 먼저 찾아오고 더 깊은 위로를 주는 것은 냉정하고 차가운 이성의 힘이 아니라, 나를 받아주고 안아주고 이해해 주는 어머니의 품 같은 존재다.

위스콘신대학교의 심리학자 해리 할로Harry Harlow의 유명한 실험에서도, 새끼 원숭이는 젖을 주지만 차가운 철사로 되어 있는 모형 어미 대신 비록 젖은 나오지 않지만 따뜻한 헝겊으로 만들어진 모형 어미의 품을 파고든다. 생존 자체를 위협하는 절대 빈곤의 상황만 벗어난다면, 사람에게 필요한 것은 배부름이 아니라 따뜻함이다. 나를 돌보아 주고 위로해 줄 존재, 아니면 적어도 그럴 것이라고 추정되는 존재가 사람에겐 필요하다.

구시대의 처절한 모순, 그로 인한 국가적인 갈등, 폭력석인 수단과 혁명을 통해 뒤집힌 세상, 제시되는 새로운 이데올로기, 그 이데올로기를 한 몸에 구현한 듯한 불세출의 영웅, 그 영웅의 그림자 뒤로 일단 봉합된 모든 갈등과 갈망과 걱정들. 그러나 그 지도자의 죽음을 겪으며 인민들은 채워지지 않는 불안을 느낀다. 중세 시대의 왕이 죽은 뒤였다면, 농민들은 왕이 건설한 장대한 대성당에 모여서 죽은 왕이 천국에서 행복하기를, 천국에서 지상에 남겨진 자신들을 위해 기도해 주기를 바랐을 것이다.

하지만 신을 부정한 공산주의 국가에서라면? 나라가 나서서 그 불안한 마음을 의탁할 곳을 대신 지었어야 했던 것은 아닐까. 모순이지만, 자신들이 파괴한 신전의 자리에 또 다른 신전을 지어서라도.

하노이의, 모스크바의, 베이징의, 평양의 저 장대한 영묘들은 그런 의미에서 어쩌면 공산주의의 신전은 아닐까. 그 영묘의 중심에 뉘어져 백 년의 세월 동안 썩지도 못한 채 전시되고 있는 죽은 자들은, 말하자면 말살된 신의 대체물인 셈이다. 어떻게든 붙잡고 마음의 불안을 달래야 하는, 국가적인 의미의 북극곰이자 담요가 되어버린, 죽은 지도자의 유해로 만든 미이라.

사람이라면 누구에게나 자신만의 크고 작은 북극곰, 낡은 담요, (심지어) 미이라가 있다. 월드컵 축구 결승전의 결정적인 순간, 교체되어 그라운드로 뛰어 들어가는 선수는 긴장된 얼굴로 성호를 그으며 목에 건 십자가 목걸이에 입을 맞춘다. 그 순간 그에겐 그 목걸이가 그의 북극곰이다. 수능 시험 당일, 입실을 마치고 시험지 배부를 기다리고 있는 한 수험생은 주머니 속에 손을 넣고 할머니가 떠주신 장갑을 만지며 불안한 마음을 달랜다. 그 순간은 그 장갑이 그의 담요다.

세상은 어둡고 거칠며, 우리가 미처 다 대비하지 못하는 위험으로 가득하다. 천자문이 '천지는 검고 누렇다. 우주는 넓고 거칠다'라는 문구로 시작되는 것은 참 얄궂다. 그 넓고 거친 세상 앞에 선 우리는 연약하기만 하니까. 세상에 맞선 우리가 두 손에 쥐고 있는 방패는 허술하기 짝이 없다. 그 거친 세상에서 어떻게 잘 살아남았고, 내 한 몸 누일 만한 작은 공간을 찾았는데, 그 안에서 소소한 행복이라도 느끼며 조용히 살고 싶은 우리를 세상은 가만히 놔두질 않는다.

우리는 이 작은 평화가 깨질까 봐 늘 불안을 겪는다. 그럴 때 내 손에 작은 담요 하나 쥘 수 있다면, 그래서 그 넓고 거친 세상을 건너가는 데 조금이라도 도움이 된다면, 그 담요의 존재는 과히 흉이 되진 않을 것이다.

아니, 내 나이가 몇인데! 다 큰 어른이 애도 아니고 부슨! 그런 소리는 하지 말자. 피바다를 만들며 혁명을 일으켰던 공산당의 후계자들도, 알고 보니 북극곰과 담요를 손에 들고 두려움에 떨던 '어른 아이'였던 것을 생각해 보면, 우리가 북극곰 하나 정도 남몰래 소중히 안고 산다고 한들 그게 뭐 그리 큰 흉이 될까.

집에는
우리 아빠가 있으니까요

병원에 지적장애(옛날 말로 정신지체)를 가진 사
람이 입원하는 경우가 있다. 물론 정신병원에서 치료를 받는
다고 해서 낮은 지능이 높아지는 건 아니다. 지적장애인은 국
가의 사회 복지 체계 내에서 공적 지원을 받으며 가정에서 가
족과 함께 살거나, 지적장애인을 위한 복지 시설을 이용하면
서 자신이 수행 가능한 직업 활동이나 사회 활동을 영위하며
사는 것이 가장 좋다.

지적장애인이 정신병원에 입원하는 경우는, 지적장애에 동
반된 정신병적 증상(환청이나 망상 등)이 있거나 공격성이나 충
동성이 지나치게 나타나서 자해 혹은 타해의 위험이 생기는 경
우가 대부분이다. 한마디로 지적장애라지만 지능이 낮아지는

2장 가늘게 반짝이는 순간

원인은 그야말로 다양하기 때문에, 때로는 조현병, 뇌전증(옛 말로 간질), 기분 장애 등이 지적장애에 동반되는 경우들이 더 러 있다.

수정 씨의 경우도 그런 경우였다. 지적장애에 약간의 환청 이 있었고, 주로는 공격성이 문제가 되었다. 형제자매가 많은 다복한 가정의 막내였는데, 안타깝게도 어머니가 막내인 수정 씨를 낳다가 돌아가셨다. 수정 씨의 지적장애도 출산 과정과 관련되어 있는 것 같지만, 오래전 일이라 정확히 알 수는 없다.

아버지와 언니, 오빠 모두 최선을 다해 수정 씨를 돌봤던 것으로 보인다. 하지만 언니와 오빠들은 하나둘씩 결혼해서 제 가정이 생겼고, 아버지는 노쇠해 갔다. 분가한 자녀들은 늙 고 병든 아버지를 보살피기도 벅찼다. 다행히 오빠가 집 인근 에 좋은 지적장애인 거주 시설을 찾았다. 2년 정도 그 시설에 서 지내던 수정 씨는 그곳에서 강제 퇴소되었다. 수정 씨가 같 이 있던 다른 장애인들을 너무 많이 때렸기 때문이다. 시설의 사회복지사들은 최선을 다했지만, 수정 씨는 낯선 환경에 영 적응하지 못하고 충동적인 모습을 보였던 것 같다.

이런저런 고민 끝에 수정 씨의 아버지와 언니는 장애인 시 설의 운영자와 같이 병원을 찾았고, 수정 씨는 입원을 하면서 내 환자가 됐다. 나는 내가 아는 약물을 처방(머리가 좋아지는 약이 아니라 충동성을 낮춰주는 약)하며 그를 돌봤다. 처음에는 병동 간호사들이 고생을 많이 했다. 수정 씨는 먹는 것에 집착했고, 남의 행동을 자주 오해하고 덤벼들었으며, 한번 화가 나면 병원 기물을 마구잡이로 부쉈다.

안 좋은 모습만 있었던 것은 아니었다. 기분이 좋을 때면 수정 씨는 노래도 부르고 춤도 췄다. 수정 씨는 기본적으로 흥이 많은 사람이었다. 입원 후 실시했던 사회 연령 검사에서 확인된 수정 씨의 사회 연령과 지능은 다섯 살 정도였다. 수정 씨는 딱 다섯 살 아이의 행동을 보였다. 시간이 지나면서 약이 좋았는지, 병원 사람들의 노력에 마음을 열었는지 점차 수정 씨의 공격성은 줄어들었다. 여전히 다섯 살짜리의 행동을 했지만, 난폭한 행동은 점차 사라져 갔다.

그다음으로 내가 해야 할 일은, 수정 씨가 다시 사회로 돌아갈 수 있게 준비하는 것. 원래 있던 장애인 시설로 갈 수 있을지, 다른 시설로 가야 할지, 아니면 지역사회의 정신건강 증진센터와 연계해 집에서의 생활을 준비할지 의논했다. 그러기 위해선 일단 실험을 해봐야 한다. 병원에선 잘 적응했더라도 막상 다시 집이나 시설로 돌아가면 돌변할 수 있기 때문이다.

실험은 보통 외출이나 외박으로 한다. 병원 외의 환경에서 환자가 어떤 모습을 보이는지 관찰하는 것이다. 먼저 가족과 함께 반나절 정도의 외출을 시행해 봤다. 수정 씨는 사고 없이

211

잘 돌아왔다. 짜장면과 군만두를 먹고 왔다고 했다. 일정 시간
이 지난 뒤에 1박 2일 외박을 나갔다. 역시 성공적이었다. 삼겹
살을 잔뜩 먹고 왔다며 수정 씨는 자랑했다. 다음 달엔 3박 4일
외박. 장애인 거주 시설도 둘러보고 왔는데 좋아 보였다고, 그
곳에서 지내보고 싶다고 했다. 다음엔 일주일 외박을 시행했
고, 긴 외박에서 돌아온 수정 씨는 나와 면담실에 마주 앉았다.

　일주일 외박 동안 수정 씨는 잘 지냈을까. 나는 묻기 시작했
다. 잘 다녀왔어요? 네. 잘 다녀왔어요. 좋았나 봐요. 네, 아주
좋았어요. 뭐가 그렇게 좋았어요? 맛있는 거 많이 먹고, 여기
저기 구경 다녔어요. 아빠랑 에버랜드도 갔어요. 아, 에버랜드
가셨구나. 잘했어요. 또 집에 외박 가고 싶어요? 네, 또 가고 싶
어요. 왜 또 가고 싶어요?

　내가 예상한 답은 '삼겹살 먹고 싶어서요' 정도였다. 그 정도
로, 수정 씨의 생각은 먹는 것에 꽂혀 있었으니까. 메로나 한
개를 가지고 수정 씨는 옆 사람과 피가 날 정도로 싸웠다. 그런
데 수정 씨의 입에선 의외의, 하지만 듣고 나니 조금은 뭉클해
지는 대답이 나왔다. "집에는, 우리 아빠가 있으니까요."

　주변에서 '딸 바보' 아빠들을 자주 본다. 수사적인 표현이 아
니라, 가끔 그들은 정말 '바보' 같아 보인다. 심지어 주위에서

바보라고 구박을 해도, 정말 바보처럼 헤헤 웃으며 좋아한다. 딸이 없고 아들만 키우는 나는 가끔 그 모습에 심술이 난다. 쳇. 아무리 세상이 달라졌다고 해도 역시 아들이 최고라고. 딸은 새침하니 재미없을 거야. 쳇.

하지만 인정해야 한다. 인정하지 않을 도리가 없다. "집에는 우리 아빠가 있으니까요"라는 말을, 제삼자인 내가 들어도 눈물이 핑 도는 저 말을, 내가 (사실은 아내가 낳은 거지만) 낳은 딸이 오종종한 얼굴로 하는 걸 들으면, 어유, 딸을 키워보지 않은 나도 이렇게 마음이 녹는데, 어찌 바보가 되지 않을 수가 있겠는가.

피진으로서의
김치밥

214 　중국 송나라 때인가. 하여간 중국인들이 북방 유목 민족들에게 완전히 꽉 잡혀 살 때의 이야기다. 중국의 황제가 칸에게 약속한 조공을 제때 보내지 못했다. 칸은 황제의 궁핍을 비웃고 불성실을 나무라는 친서를 보낸다.

"…농사꾼들의 수령은 잠자리가 편안하신가. 이제 말이 살찌고 곡식이 익어가는 철이 되었으니 나는 늑대의 아들들을 이끌고 그대의 백성들이 일하는 농지에 사냥을 나갈까 한다. 그대는 마땅히 기어서 나아와 내 말고삐를 잡고 길 안내를 맡아야 할 것이야."

아내는 방금 전 통화에서 오늘의 저녁 메뉴를 알렸다. 칸의 목소리를 빌려 약간의 윤색을 더하면 다음과 같다.

"… 식탁의 제왕은 점심을 잘 자셨나. 이제 김장김치가 충분히 시어지고 돼지가 맛있는 철이 되었으니 나는 저녁으로 압력솥을 꺼내 함경도식 김치밥을 할까 한다. 그대는 마땅히 일찍 들어와 양념장 제조를 맡아야 할 것이야."

문화와 문화가 만나면 때론 뒤섞이고 때론 변화한다. 의식주 모두에서 그렇다. 그 만남은 보통 정치적 상황에 딸려오기 마련인데, 그래서 역사책의 무미건조한 사실 열거 뒤엔 언제나 맛있는 음식과 새로운 음악과 새로운 언어의 탄생이 도사리고 있다. 때론 희극으로, 때론 비극으로.

215

프랑스와 영국이 북미에서 벌인 식민지 쟁탈전인 프렌치 인디언 전쟁은 그 결과로 아카디아 프랑스인의 이산과 루이지애나로의 집단 이주를 낳았다. 하지만 그 비극 덕에 인류는 치킨샐러드나 잠발라야 같은 맛있는 케이준 요리와 재즈 그리고 뉴올리언스 크리올이란 새로운 언어를 갖게 되었다.

서로 다른 문화가 만나 의사소통의 필요가 생길 때, 더러는 약한 집단이 제 말을 잃고 강한 집단의 언어를 사용하게 된다. 하지만 상황에 따라 그 두 말이 섞인 새로운 혼합어가 생기기도 한다. 이렇게 생긴 언어를 '피진pidgin'이라 하고, 그 피진이 하나의 언어로 정착되어 2세에게 모어로 전승되면 이를 '크리올creole'이라 한다.

이런 이질적인 문화의 만남은 역사에서 끊임없이 이뤄져 왔으나, 주로 대항해 시대 이후 그 빈도가 폭발적으로 증가했다. 유럽 열강과 그 식민 지배를 받은 다른 대륙에서 가장 많이 발생했고, 그런 이유로 현대에 남은 크리올 언어는 대부분 식민지 쟁탈전의 승자인 영국, 프랑스, 스페인어와 피지배 민족의 언어가 혼합된 형태다.

그중에는 아이티나 파푸아뉴기니처럼 독립 이후에 크리올이 준 공식어나 공식적 언어의 지위를 가지게 된 나라도 있다. 가보지 않아서 그저 책으로 본 지식이지만, 아이티계 이민자가 많이 사는 뉴욕의 어느 초등학교에서는 아이티의 공식 언어인 프랑스어가 아니라 아이티 크리올로 된 가정통신문을 보내준다고도 들었다.

크리올은 기본적으로 편의를 위해 만들어진 말이라 배우기 쉽고 문법적으로나 표기로서나 나름 합리적이라 한다. 프랑스어로 새는 oiseau라 쓰고 '와조'라 발음하는데, 아이티 크레올로 새는 zwazo라 쓰고 '좌조'라고 발음한다. z는 관사가 붙은 복수형 프랑스어 les oiseaux에서 온 것이다. 파푸아뉴기니의 크레올인 톡피신에서 병원은 haus sik이다. '아픈 사람의 집', 즉 house sick. 같은 방법으로 은행은 haus moni, 동물병원은 haus dok sik.

생각해 보면, 우리나라에도 피진이 있었다. 일어가 익숙하던 외할머니는 가끔 일어와 우리말이 뒤섞인 묘한 말을 썼는데, 따지고 보면 그것도 일종의 피진이 아니었을까 싶다. 물론 외할머니의 자녀들인 어머니, 이모, 외삼촌들은 일어는 고사하고 히라가나도 읽지 못하는 걸 보면, 다행히 한국어-일어 피진은 2세로의 전승 없이 성공적으로 소멸된 모양이다. 다행스러운 일이다.

일어는 그 외에도 중국어와 혼합된 피진의 일종인 협화어, 남양군도의 말과 혼합된 오가사와라 피진 같은 드문 말을 낳기도 했다. 모두 제국주의 침략 전쟁의 산물들이다. 물론 지금은 이를 사용할 화자가 거의 없어 사멸되다시피 한 말일 뿐이고, 소수의 언어학자나 기괴한 사실 찾기를 좋아하는 편벽한 취미꾼이나 찾아보는 취미가 되었다.

이쯤에서 이북 음식 김치밥을 소개한다. 김치밥은 김치볶음밥의 일종이 아니다. 밥이 다 된 다음에 김치와 밥을 볶는 것을 김치볶음밥이라 한다면, 밥이 아직 쌀의 신분일 때부터 김치와 돼지고기와 만나 영혼 단계에서부터 하나가 되는 것이 김치밥이다. 군이 이남 음식에서 유사품을 찾자면 콩나물밥에서 콩나물이 김치로 바뀌었다고나 할까.

우리 집에선 겨울이면 매주 한 번은 먹는 이 김치밥은 김장 김치가 슬슬 시어질 때쯤 저녁 밥상에 오르는 빈도가 슬슬 늘어나던 계절의 별미였다. 나는 나중에 이 음식이 전국구 음식이 아니란 것을 알고 무척 놀랐다. 아니, 한국인 식단의 기본인 쌀, 김치, 돼지고기가 한데 어울린 이 음식이 왜 '일부 지방의 향토 음식'이지? 오이소박이나 빈대떡 정도의 반열이 아니었어?

토속적이고 전통적인 한국인 입맛으로 둘째가라면 서러워할 대구 출신 아내도, 결혼 전에는 이 '쌀-돼지-김치'의 영혼 복합체를 맛보지 못했다고 한다. 지금이야 '오늘 날도 찌뿌둥한데, 저녁엔 김치밥 해서 파전이랑 먹을까나?' 같은 대사를 대수롭지 않게 날리는 어엿한 '이북 집안 며느리'가 되었지만.

다만, 이제는 김치밥 고수가 된 아내의 김치밥이 외할머니와 어머니의 김치밥과 다른 것을 군이 찾자면, 김치밥에 필수적으로 곁들이는 양념장에 넉넉한 양의 청양고추가 들어간다는 점이다. 남편의 입맛을 통해 배우게 된 이북 음식의 레시피에, 아내는 자기 고향의 입맛인 청양고추 같은 강한 양념을 더했다.

아빠에게서 온 슴슴한 이북 음식에 엄마에게서 온 강렬한

향의 경상도 포인트가 전해진 음식이, 어찌 보면 우리 아들에 겐 일종의 '음식으로서의 피진'이겠다. 이것이 언젠가 아들의 입맛을 통해 손주에게 이어지면, 그때는 저 '청양고추 양념으 로 맛을 낸 함경도식 김치밥'도 크리올의 지위를 얻게 될지도 모르겠다.

3장

구김진 날들을
다리며

저는
이 선생입니다

어느 업종이나 그렇겠지만, 정신과에도 간단하되 끊임없이 반복해야 하는 일이 있다. 그중 하나가 지남력 orientation 체크다. 시간, 장소, 사람에 대해 정확하게 인식하고 있는지 묻는 것이다. 다른 과에서 환자의 체온이나 혈압을 재는 것과 같은 이치다. 우울증이나 조현병 환자보다는 섬망, 치매 환자에게 주로 묻는다.

'오늘 날짜가 어떻게 되지요?' '여긴 어딘 것 같으세요?' '이 사람(주로 보호자)이 누군지 아시겠어요?' 보통 이런 것들을 묻는다. 지남력은 보통 시간, 장소, 사람의 순으로 혼란이 온다. 즉, 오늘 날짜는 흔히 헷갈릴 수 있어도 오래된 가족은 잘 헷갈리지 않는다.

가끔 장소를 혼동하는 환자들이 있는데, 지금 있는 장소가 병원인지 모른다. 그럼 어딘 것 같냐고 물으면, 의외로 적지 않은 사람이 "학교"라고 한다. 그런 사람 중에 더러 "그럼 제가 누구예요?"라고 물어보면 용케 "선생님"이라고 대답한다. 그럼 또 재차 묻는다. "무슨 선생님이요?" 그럼 또 이렇게 틀리는 사람들이 있다. "학교 선생님이죠."

선생님. 참 좋은 말이다. 나는 이 '선생'이란 말 듣는 것을 무척 좋아한다. 의사를 대접해서 부를 때 선생님, 원장님, 박사님 이렇게 많이들 부르는데, 나는 다른 모든 호칭보다 이 선생님이란 호칭이 좋다. 의사로서가 아닌 중년 남성으로서 불릴 때는 보통 아저씨, 사장님, 선생님이라 불리는 경우가 많은데 이때도 선생님이란 호칭이 제일로 좋다.

맞는 말인지는 모르겠지만 예전에 어디서 들었는데, 대학의 교수를 부를 때도 그를 존중하는 의미로 부를 땐 교수님이 아닌 선생님이라 부르는 것이 맞다고 한다. 교수님이란 말은 당신의 직업이 대학의 교원이란 뜻이고, 선생님이란 말은 당신은 내가 가르침을 받을 만한 사람이라는 뜻을 담았다고 하더라.

선생先生. '먼저 태어난'이라는 뜻이다. 나보다 먼저 태어난 세월만큼의 경험이 있고 그것을 존중한다는 의미의 호칭. 사실 의사에게 '선생님'은 과분한 호칭이다. 의사는 뭔가를 가르쳐주는 사람도 아니고, 삶 자체가 모범이 되어 배울 만한 존재도 아니다. 물론 그런 의미를 부여해도 아깝지 않을 훌륭한 의사 '선생님'도 적지 않겠지만, 의사 전반을 일률적으로 부르는 호칭으론 아무리 봐도 과분한 이름이다.

직업 덕에 자격도 없지만 선생님이라 불릴 일이 많고, 그럴 때면 짐짓 우쭐하다가도 소심해진다. 나는 선생이란 호칭을 감당할 만한 삶을 살고 있나 싶은 것이다. 그럴 때면 그 사소한 호칭 하나가 꽤 무겁게 느껴지기도 한다. 오히려 젊었을 땐 '이 선생'이란 호칭이 아직 격에 맞지 않는 듯해 어색해하면서도 선호했는데, 정작 나이가 들어가면서, 무겁다.

좀 부끄럽지만, 어렸을 적 내가 좋아하던 '이 선생'의 이미지는 1930년대 중반쯤 그러니까 이 땅이 뭔가 근대의 힘든 고비를 넘어가고 있을 때쯤, 까만 양복 바지에 흰 반팔 셔츠를 입고, 쌀집 자전거를 타고 퇴근길에 보통학교 코흘리개들의 인사를 받는, 까맣고 동그란 안경을 낀, 아직은 청년의 태를 채 못 벗은 젊은 가장의 이미지였다. 그 이미지를 꿈꿨던 10대의 나에게, 마흔을 훌쩍 넘긴 나이의 지금 이 '이 선생'은 어떻게 보일까.

224

말이 놓이는
자리

그 유명한 영국 BBC 드라마 〈셜록〉을 유행 다 지나고 난 뒤에야 정주행했다. 재밌었다. 왜 그렇게들 좋아했는지 그제야 알았다. 남들이 좋다는 건 다 그럴 만한 이유가 있는 법이라니까. 새로운 방식으로 해석된 주인공 셜록도 매력적이고, 셜록보다 더 심하게(?) 새로 해석된 왓슨이란 인물은, 에에, 그러니까 그런 표정의 사나이를, 그런 애매한 표정을 짓는 사람을 나는 심하게 편애한다.

(물론 영어가 짧으니까) 자막을 읽으며 봤는데, 우리말 번역에서 흥미로운 것 하나를 발견했다. (물론 영어가 짧으니까) 감히 오역을 따지거나 할 생각이 있는 것은 아니고, 셜록의 동료인 왓슨과 셜록의 친형인 마이크로프트 홈즈가 대화를 나누는 장

면에 깔린 한국어 자막을 보고 든 생각이다.

　드라마의 첫 회에서, 왓슨은 마이크로프트가 셜록의 형이란 사실을 모르는 상태로 그를 만난다. 마이크로프트는 왓슨의 신상에 대해 이미 다 알고 있는 상태다. 둘의 대화는 존댓말로 진행된다(기보다는 둘의 대화에 한국어 존댓말 자막이 달린다). 그러다가 다음 회에서 왓슨은 마이크로프트가 셜록의 친형이란 것을 알게 되고, 왓슨이 그 사실을 안다는 것을 마이크로프트도 아는 상황에서, 대화는 사뭇 다르게 진행된다(기보다는 둘의 대화에 한국어 자막이 달라진다). 왓슨의 대사에는 계속 존댓말 자막이 달리는 데 반해 마이크로프트의 대사에는 왓슨을 '자네'라고 부르며 반말로 이야기하는 자막이 달린다.

226

　물론 영어엔 존댓말이니 반말이니 하는 것이 없으니까, 드라마의 1회나 2회나 실제 둘의 대화는 내내 같은 톤이었을 것이다. 마이크로프트가 영국 정보기관의 고위직이라는 걸 알았으니 왓슨의 말에 뉘앙스가 좀 달라졌을 순 있다. 하지만 오로지 존댓말과 반말의 구분이 있고, 사회적 위치와 혈연관계에 의해 그 사용이 엄격히 분리된 한국어의 특징이 자막에 적용되어 한국 관객만을 위한, 한국 관객만이 알 수 있는 묘한 뉘앙스가 생긴 것이다. 우리는 친구 형님에겐 존댓말을, 동생 친구에겐 반말을 쓴다. 이 전통과 뉘앙스를 꿈에서라도 알 리 없는 우리의 왓슨과 마이크로프트(의 대사에 달리는 한국어 자막)도 결국 이 황금률을 절대 벗어나지 않는다.

우리는 이 곤란하면서도 우스운 상황과 비슷한 경우를 〈스타워즈〉 에피소드 7에서도 똑같이 볼 수 있다. 참으로 오랜 세월을 지나 할머니, 할아버지가 다 되어서 다시 만난 옛 연인 레아 공주(캐리 피셔)와 한 솔로(해리슨 포드). 놀랍게도 호호 할머니가 된 레아의 대사는 존댓말로, 쭈글쭈글 할아버지가 된 한 솔로의 대사는 반말로 한국 영화관의 자막에 깔렸다. '썸 타던' 사이였던 이전 에피소드에선 둘이 서로 다 기본적으론 존댓말로 이야기했(다고 한국어 자막이 깔렸)는데, 자막에서 느껴지는 뉘앙스에서, 뭔가가 변한 것이다.

알다시피 스타워즈 에피소드에서 레아 공주와 한 솔로 둘의 관계는 '그렇고 그런 사이'로 발전한다. 둘 사이에 자식도 (둘이나!) 있다. 그러니 '그렇고 그런 일'이 아마도 둘 사이에 있었을 것이라 충분히 짐작할 수 있다. 그렇다면 늙어서 만난 레아와 한 솔로의 대화(에 깔리는 자막)는, 둘 사이의 관계가 그런 변화를 겪었음에 대한 한국적인 해석과 배려가 담뿍 들어간 것이란 말인가!

아주 예전의 한국 영화에서, 그리고 한국에 수입된 외국 영화의 자막에서, 멀쩡히 존댓말로 대화하던 남녀가 밤을 같이 보내고 나서 갑자기 남자는 반말, 여자는 존댓말을 쓰기 시작하는 웃기는 장면은 흔히 볼 수 있었다. 이 오래되고 성차별적

227

인 데다 웃기는 클리셰가 정치적 올바름에 대한 엄격한 장벽을 뚫고 스타워즈 에피소드 7의 자막에 슬그머니 들어앉아 있다. 관객이 못 본 어느 비밀 에피소드 중에 레아는 돌아누워 울고 있고 한 솔로는 담배라도 피우는 장면이라도 있었던 걸까?

레아는 공주이자 저항군의 총사령관이니, 존댓말과 반말은 사회적 신분의 차이를 고려하면 정반대로 진행되어야 한국적 용례에 지장이 없었을 테고 오히려 옳았을 것인데('공주 마마, 소인 한 솔로 오랜만에 마마를 뵙습니다.' '아니 네 놈이 천지 분간 못하고 온 우주를 쏘다니더니, 이제야 기어들어 오는구나!'), 아아, 한국어 번역 자막의 최종 선택은 그렇지 않았다. 21세기의 한국인들은 왕조 시대의 남녀관계와 서구 각국의 남녀관계 중 어디에 더 가까운 삶을 살고 있는 것일까.

우리말의 존댓말과 반말은 오묘한 재미를 주기도 하지만 세대 간의, 직책 간의 명확한 상하 관계를 만들어 사회적 발전의 한 장애물로 비난받기도 한다. 그 그림자가 흥미진진한 드라마와 영화의 번역 자막에서도 슬쩍슬쩍 보여 곤란하기도 하고 우습기도 하다. 이 또한 지금을 살고 있는 우리의 자화상이라면 자화상이고 온도계라면 온도계다. 세상은 어쨌거나 조금씩이라도 변하고 있는 모양인데, 200년 후에 개봉할 〈스타워즈〉에피소드 37에선 평행 우주에서 만난 레아 공주와 한 솔로가 조금은 더 평등한 상황에서 이야기하려나. 아니, 그들의 대화에 달리는 한국어 자막이 그렇게 좀 바뀔 수 있으려나.

청진기의
제자리

　　모교를 떠난 지 오래라, 학교 소식은 주로 교수 가 되어 학교 병원에서 근무하는 동기나 선후배들을 통해 접한다. 직접 만나서 이야기를 들을 때도 있지만, 시대가 시대인지라 많은 소식을 그들의 SNS를 통해 듣기도 한다. 모교 병원에 재직 중인 선배가 자기 SNS에 공유한 학내 게시용 포스터 사진을 보다가 생각난 옛 이야기를 하나 해보자.

　포스터 내용은 요사이 쉽게 볼 수 있는, '학교 내, 직장 내에서 갑질을 근절하자'는 내용의 심드렁한 것이었는데, 포스터 가운데 그려진 그림이 눈에 띄었다. 의과대학 내부용 포스터이니 그림 속 학생은 가운을 입고 청진기를 목에 두르고 있는 '당당하고 자기 주장을 할 줄 아는 젊은이'의 모습이었는데, 그

229

3장 구김진 날들을 다리며

'목에 두른 청진기'가 마침 심심했던 내 눈길을 끌었던 것이다.

'상명하복의 도제식 문화가 발달했다'는 소리를 듣는 대학 병원의 의사 집단 중에서 가장 천대받는 말단은 인턴이라고 생각하기 쉽다. 하지만 카스트의 말단인 수드라 밑에 불가촉천민이 있듯, 인턴 밑에도 더 천대받는 하층민이 있다. 그것은 바로 실습 나온 의대 학생이다. 다른 학교에선 PK라고도 하던데, 우리 학교에선 폴리클Polyclinic이라고 불렀다.

인턴이야 병원에 정식으로 취업해서 월급 받는 피고용자라지만, 폴리클은 등록금 내고 교육을 받는 학생 신분이니 아무리 후배라 해도 함부로 대하면 안 된다. 실제로 함부로 대하지도 않지만, 대부분의 폴리클은 잔뜩 주눅이 든 채로 알아서 굽신거리게 된다. 그 모습을 놀리는 것이 병원 인턴 레지던트들의 잔재미이기도 하고.

폴리클에겐 (누가 명시적으로 시키지도 않았는데) 암묵적으로 내려오는 '절대 하면 안 되는 일' 몇 가지가 있다. 예를 들어 '의사의 지도 없이 환자에게 함부로 묻거나 처치를 하면 안 된다' 같은 것은 아주 당연한 일이다. 하지만 더러는 왜 하면 안되는 일인지 알 수 없는 것들도 있다. 그중 '가운 단추 풀어헤치고 다니지 말 것' 같은 일은 (불합리할지언정 그 내막은) 그래도 쉽게 수긍이 된다. 그런데 그중에 '청진기를 목에 걸고 다니지 말 것'에 대해선 고개를 갸우뚱거리게 된다.

아니, 드라마에 나오는 의사들 보면 다 목에 걸고 다니던데? 그럼 청진기는 어디에 보관하란 말이지? 정답은 '잘 말아서 가운 주머니에 넣는다'이다. 이유는? 이제는 누군지 기억도 나지 않는 선배가 이야기해 줬다. "청진기는 의사의 상징이야. 소중한 것이지. 그러니까 망가지지 않게 잘 간수해야 돼. 목에 걸고 다니면 귀에 꽂는 부분의 고무 패킹이 떨어질 수 있다고."

그러니 잘 말아서 주머니에 넣을 때도 고무 패킹 부분이 주머니 위로 삐져나오면 안 된다. 반대로 패킹이 아래로 가게 넣어야 된다. 패킹은 소중하니까. 그런데 이게, 그냥 듣기에도 성가셔 보이죠? 실제 해보면 정말 성가시다. 그래도 눈치가 보이니까, 가능하면 시키는 대로 잘 말아서 고무 패킹이 주머니 안으로 들어가도록 애썼던 폴리클 때의 기억이 어렴풋이 난다.

아마 가운 단추 채우는 문제처럼 청진기의 정 위치 문제 역시, 실제로 그런 암묵적인 내규가 생긴 건 고무 패킹 때문이 아니라 '건방져 보이기 때문'이었겠지. '어디 폴리클 나부랭이가 하늘 같은 교수님 선배님들 앞에서!' 뭐 그런. 세상의 많은 의전과 관습이 늘 그러하듯, 별로 중요해 보이지도, 의미도 없어

보이던, 사실 지키지 않아도 별 상관없는, 하지만 투덜거리며 준수하던 규례들 가운데 하나였을 것이다.

폴리클 시절에 겪었던 그 규례에 대한 공포 같은 것이 내 무의식적인 기억 어딘가에 처박혀 있었던 것일까. 별 대단한 내용도 아니고, 나로서는 별 상관도 없는 그 포스터의 남녀가, 가운 단추를 다 풀고(!), 청진기를 목에 걸고(!) 있는 모습을 보니 이젠 늙어서 꼰대 중에서도 상 꼰대가 된 과거 폴리클의 마음이 울컥한다. 아니, 저러면 안 되는데! 고무 패킹이 떨어지는데! 청진기는 소중한 것인데!

포스터의 내용은 '동료 또는 상하 관계에서의 부당 행위'가 있을 경우 신고하라는 것이었다. 이걸 보면, 이 포스터는 아마도, '병원이나 학교에서 상급자나 연장자의 부당한 갑질이 있어선 안 된다'라는 주장도 하려는 것일 게다. 오호, 그렇다면 가운 앞섶을 풀어헤치고 청진기를 목에 두른 저 남녀는 포스터의 주장을 외치고 있는 시위자다. 어이, 꼰대 아저씨, 중요한 건 환자를 잘 보는 거지, 가운이나 청진기가 아니라고. 음. 백번 맞는 말씀이다.

논밭을 하루아침에
밀어버리고 느닷없이

어려서 몇 번의 이사를 했다. 열두 살 때 이사
온 동네에 정착했고, 그곳에서 20년 가까이 살았다. 초중고를
모두 그 동네에서 나왔으니, 옛 친구라 부를 만한 인사들은 죄
다 그 동네 출신들이다. 그중 하나가 민 군이다.

민 군을 처음 본 것은 열두 살, 이사를 갔던 그해였다. 논밭
을 하루아침에 밀어버리고 느닷없이 세워진 근본 없는 동네
(라고 쓰고 신도시라고 읽는다)였는데, 그런 이유로 어느 날 갑자
기 부모를 따라 이사 온 아이들은, 누구랄 것 없이 친구고 뭐고
다 새로 사귀어야 할 처지였다. 역사적으로 비슷한 예를 들자
면 아마 아프리카에서 잡혀와 미국 남부 앨라배마 목화 농장
에 던져진 세네갈이나 콩고나 모잠비크 출신 흑인 노예들 정

도가 아닐까.

　새 동네에 사는 아이들은 대부분, 역시 논밭을 하루아침에 밀어버리고 느닷없이 세워진 근본 없는 신설 학교를 다녔다. 가끔 예외도 있었다. 졸업이 몇 년 남지 않은 5학년이었던지라, 몇몇 아이들은 이전에 살던 동네에 주소지를 남겨둔 채 원래 다니던 학교로 원거리 통학을 했다. 새 동네 학교는 중학교부터 다니기로 하고. 민 군도 그런 아이 가운데 하나였다. 그 이질감이 어쩌나 컸던지 30년이 넘는 세월이 지난 지금도 민 군에 대한 첫 기억은 동네의 다른 아이들과 '쟤는 다른 학교 아이야'라고 수군거렸던 것이다.

　그게 역설의 주문이 되었는지, 2년 뒤 같은 중학교에 배정받은 뒤로 나는 민 군과 내내 같은 학교를 다녔다. 중·고등학교 6년을 같이 보낸 후 재수도 같은 곳에서 하고, 결국 (학과는 다르지만) 같은 대학까지 들어갔다. 대학에 와서는, 분명히 다른 과인데 우리는 교양 국어 시험을 같은 교실에서 보기도 했다. (그 사연의 귀책 사유는 전적으로 그에게 있는데, 그도 이젠 두 아이의 아빠이자 건실한 사회인이므로 이제 그만 잊어야겠다.)

　민 군은 여흥 민 씨였다. 그와 나는 세상에서 그다지 환영받지 못하는 이런저런 취미를 공유하며 음울한 청소년기를 보냈

다. 아마 내가 '그 사실'을 알게 된 그날도 그런 칙칙한 이야기를 나누던 많은 날들 중 하나였을 것이다.

"난 전주 이 씨인데, 넌 여흥 민 씨라고? 여흥이 어디야?" "여흥은 경기도 여주의 옛날 이름이야." "아, 알아. 임금님표 여주 쌀 나오는 거기구나." "응, 맞아." "그럼 너희 조상들이 경기도 여주에 살았던 모양이네?" "조상만 산 게 아니라, 지금도 할아버지가 여주에 살아. 그 위에 할아버지도 쭉 거기 살았어. 선산도 거기 있고. 할아버지 집도 아직 있고." "뭐, 뭐라고?"

물론 본관이 그 성씨의 오래전 거주지에 근거해 정해지는 경우가 많은 것 정도는 알고 있었지만, 말이 전주 이 씨지 (기록상으로) 전주를 떠난 지 600년이 넘어 그 땅엔 아무런 연고를 갖지 못한 무늬만 '전주' 본관인 나로서는, 여흥에 살고 있는 '여흥 민 씨'를 보는 일이 무척이나 신기했다. 내 친구 민 군은 오래도록 여주에 세거하던 여흥 민 씨의 제일 뒷자손이었던 것이다.

우리가 중학생이던 당시에 민 군과 그의 아버지는 서울에 살고 계셨지만, 그의 할아버지는 이미 선산이 있는 여주에 내려가 계신다고 했다. 민 군의 할아버지가 젊어서 경성(!)에 계실 때는, 민 군의 증조할아버지가 여주에 계셨다고도 했고. 그면면한 '계승'의 이야기는, 친가와 외가 모두 이북에서 내려온 실향민 집안의 아이였던 나에게 무척이나 신기하고 일견 부럽기도 한 이야기였다. 격변의 한국사에서, 단절과 이산이 집안

스토리의 큰 축이었던 우리 집안 이야기와 선명한 대비가 되었기 때문일까.

세월이 흘러 그때 여주에 계시던 민 군의 할아버지는 돌아가셨고, 이제는 노인이 되신 그의 아버지가 서울을 떠나 여주에 내려가 계신다. 여흥 민 씨인 민 군은 가끔 아이들을 데리고 여흥, 지금의 여주에 내려가 제 아버지를 뵌다. 세상에서 그다지 환영받지 못하는 이런저런 취미를 공유하며 음울한 청소년기를 보낸 것을 고려하면, 그도 나도 꽤나 멀쩡한 중년이 되었다.

이제 민 군은 무려 '지하철'을 타고 여주 고향집에 내려간다. 여주로 가는 지하철의 마지막 환승역은 거짓말처럼, 논밭을 하루아침에 밀어버리고 느닷없이 세워진 근본 없는 동네(라고 쓰고 신도시라고 읽는다)에 자리 잡고 있다. 그리고 지금 나는 그 환승역 근처의, 논밭을 하루아침에 밀어버리고 느닷없이 세워진 근본 없는 동네(라고 쓰고 신도시라고 읽는다)에 살고 있다. 내 아들은, 논밭을 하루아침에 밀어버리고 느닷없이 세워진 근본 없는 동네의 신설 학교에 다닌다. 일곱 살에 이사 온 아들이 벌써 중학생이니, 아들은 이 동네에서 사귄 아이들과 아마도 내 나이가 될 때까지 친구로 지낼 것이고, 언젠간 아저씨가 되어 옛 동네 타령을 할 것이다. 세상은, 끝없는 동어 반복이다.

고향이
삭제되는 것을 본다

예전에 프리챌이라는 포털사이트가 있었다. 시
기적으로 보면 PC통신과 싸이월드의 중간쯤이라고 하면 될
까. 어쨌든, 과거의 한 시기엔 대한민국 온라인 커뮤니티의 대
명사 같은 곳이었다. 당시엔 거의 모든 동문회, 동아리, 소모임
이 프리챌에 둥지를 틀고 소통 공간을 만들었더랬다.

그렇게 프리챌은 한 시대를 제패하고 풍미했으나, 빠른 시
대의 흐름에 발맞추지 못하고 몇 가지 경영상의 실수를 저지
른 뒤, 결정적으로 '천천천'이라는 이름의 유료화서비스가 실
패하면서 빠른 속도로 몰락의 길을 걸었다.

몇 차례 회사의 주인이 바뀌고, 온라인의 대세가 '싸이질'로,
또 페이스북, 트위터, 인스타그램으로 숨 가쁘게 넘어가는 와

중에도 간신히 명맥은 유지하던 프리챌은 결국, '망했다'. 이전의 유저들에게 일정의 시간을 주어 자료들을 백업하게 한 뒤, 특정한 날 자정을 기해서 서비스를 종료했다. 그곳에 사람들이 부려놓았던 모든 자료는 웹상에서 산산이 흩어졌다.

나 역시 적지 않은 시간 동안 그곳에 참으로 많은 사연을 끄적여 놨기에, 한동안 공을 들여 그 사연들의 적잖은 부분을 네이버 등지로 옮기는 수고를 했어야 했다. 하지만, 옮기지 않은 대부분의 흔적들은 그날 자정을 기점으로 사라졌다. 영원히. 완전히.

프리챌의 서비스가 종료되던 날 자정에, 나는 자지 않고 깨어 있었다. 뭔가 장례식에 참석하는 기분 같았다고나 할까. 프리챌의 한 커뮤니티 창을 띄워놓고 그것을 물끄러미 바라보고 있었는데, 0시 0분이 지나고 인터넷 브라우저의 새로고침 아이콘을 누를 때마다 거짓말처럼 인터넷 창에서 하나둘씩 오류가 뜨기 시작했고, 몇 분 지나지 않아 창의 대부분이 오류로 뜨지 못하고 닫혀버렸다.

그 장면을 바라보면서 연상된 것은 스탠리 큐브릭 감독의 영화 〈2001 스페이스 오딧세이〉에서 행성 간 우주선의 인공지능 컴퓨터 'HAL'이 꺼지던 장면이었다. 모종의 이유 때문에 우주비행사들을 살해하고 우주선을 장악하려던 HAL은 결국 마지막 남은 비행사에게 역습을 당해 강제 종료되는 운명을 맞는다. 종료 직전, 당황해하던 HAL은 비행사를 설득하려다 실패하고, 섬망에 가까운 상태에서 횡설수설하다가 데이지라는 노래를 부르며 종료되었던가. 어쩌면 가까운 미래의 이별이라는 것은, 실제의 이별뿐만 아니라 이런 '디지털화된 이별'도 포함하게 되려나, 그때 어렴풋이 느낀 것 같다.

어려서 내가 살던 동네에서 가장 오래된 아파트였던 '주공 1단지 아파트'가 재건축된다. 재건축을 위한 주민 이주 기간이 끝났다는 기사를 얼마 전에 보았다. 이런저런 보상 문제로 아직 나가지 않고 버티는 세입자들이 있는 모양이라 바로 철거가 시작되지는 않겠지만, 주거지로서의 그 단지의 법적인 생명은 끝난 것이다. 이 책이 나올 때 즈음이면, 그곳은 아마 완전한 평지로 돌아가 있을 것이다.

신개발지의 주공 1단지들이 으레 그렇듯, 그곳은 작은 평수의 집들을 품은 5층짜리 아파트들이 모여 있는 곳이었다. 5학년과 6학년을 보내고 졸업까지 한 초등학교가 그 단지 안에 있었다. 등굣길에 친구를 만나 같이 걷던 골목, 하교하면서 집으로 곧장 가지 않고 칠렐레팔렐레 떠돌던 골목이 그 단지 안에 있다.

중학교는 좀 멀리 있는 곳으로 갔지만 고등학교는 다시 그 단지 바로 옆으로 갔기 때문에, 고등학교 3년 내내 드나들던

단지다. 담배 피우던 친구들을 위해 망을 봐주기도 하고, 시험을 망친 날이면 집에 들어가기 싫어 그 단지 안 놀이터에서 어슬렁거리던 곳이다. 그곳이 이제 곧 '죽는'다. 주공 1단지 아파트는 인공지능 컴퓨터도 아니니까, 죽을 때 데이지 노래도 부르지 못하겠지.

얼마 전 비슷한 사연 끝에 최종적으로 철거된 둔촌 주공 아파트는 그 마지막 모습을 남기는 프로젝트가 '안녕, 둔촌주공아파트'라는 이름으로 진행되었다고 들었다. 멀리 떨어진 남의 동네 이야기이지만, 왠지 그곳에서 자라나 그곳의 사라짐을 안타까워했을, 그래서 그러한 프로젝트까지를 만들었을 내 또래의 사람들 마음이 짐작되어, 뭉클했다.

우리의 고향은 실개천이 지줄대며 휘돌아 나가는 곳도, 얼룩배기 황소가 해설피 게으른 울음을 우는 곳도 아니다. 후대에 남기기 위해 기록하고 보존해야 할 문화재적 가치도 전혀 없다. 오랜 역사를 깨끗이 밀어버린 땅에 개발 독재 시대의 몰취미가 담긴 시멘트 건물이 들어섰던 곳이 우리의 고향이다. 하지만 그곳에서 우리는 자라고, 어른이 되었고, 부모가 되었다.

그리고 이제 그 고향이 '삭제'되는 것을 본다. 프리챌이 웹에서 영원히 삭제될 때, 적잖은 설왕설래가 있었다. 한 회사가 영업의 문제로 사업을 접는 것이야 흔한 일이지만, 한 기업의 영업 종료에 수많은 사람의 추억까지 함께 종료되는 것은 과연 온당한가 하는 논쟁이 있었던 기억이 난다.

　프리챌에 쌓였던 많은 글과 사진들. 누구에게는 아무 의미 없을 게시판의 한 문장이지만, 누군가는 그 문장으로 평생의 벗을 잃고 원수가 되기도 했을 것이다. 또 누군가는 그 게시판의 사진 한 장 때문에 연인이 되기도 했을 것이다.

　이제 곧 생명이 끊기는 무채색의 시멘트 아파트 단지도 그러하다. 그 골목마다, 많은 이의 추억과 기쁨과 슬픔과 희망과 절망이 적혀 있다. 그곳이 이제 삭제된다. 이런 재건축이 현대의 대한민국에서 한두 번 있던 일은 아니지만, 사실 살던 이들이 아니면 아무 의미 없는 동네이지만, 이번엔 나와 내 친구들의 고향이 삭제되는 것이다. 이미 중년이 되어 무감하지만, 그래도 마음 한구석이 휑하다. 안녕, 우리들의 주공 1단지 아파트.

영국 왕을
모셨지

체코 소설가 보후밀 흐라발Bohumil Hrabal의 소
설《영국 왕을 모셨지Obsluhoval jsem Anglickéko Krále》는 제2차
세계대전 전후의 체코를 배경으로 한 일종의 풍자 소설이다.
소설의 주인공은 작고 보잘것없는 체격의 호텔 종업원이다.
그는 어린 나이부터 체코 땅 보헤미아의 이곳저곳을 떠돌며
보조 웨이터 생활을 이어가던 중 한 호텔에서 자신의 운명의
스승이 된 직장 상사 '지배인'을 만나게 된다. 주인공은 그에
게서 손님을 잘 관찰하고 그의 필요를 예측하여 요구하기 전
에 대령하는, 촉이 좋은 웨이터가 되는 법을 배우며 조금씩 성
장한다.

　지배인은 그에게 '손님이 들어오면 기억해 두고, 그가 무엇

을 요구하고 언제 떠날지 알아야 함'을 가르친다. 그는 주인공에게 밥만 먹고 계산하지 않은 채 조용히 사라지려 하는 손님 식별하는 법, 손님이 이탈리아인인지 유고슬라비아인인지 구별하는 법, 손님이 굴라쉬 수프를 주문할 것인지 내장탕을 주문할 것인지 예측하는 법 같은 온갖 고급 기술을 전수해 준다.

손님이 호텔 레스토랑에 들어서는 모습만 보고도 저 손님은 마늘 뺀 토스트를 주문할 것이라며 척척 맞추는 지배인을 보고 주인공은 놀란다. 어떻게 그런 걸 다 맞출 수 있는지 묻는 주인공에게 지배인은 말한다. "담석 환자라는 것을 한눈에 알아봤어야지. 저 손님 한번 잘 봐. 저런 사람은 간이 좋지 않을 가능성이 있어." 매번 척척박사처럼 손님의 주문을 미리 맞추는 지배인에게 늘 경탄의 눈길을 보내는 주인공. 지배인은 대수롭지 않은 듯 늘 이야기한다. "예전에 난 영국 왕을 모셨지!"

우리의 주인공은 지배인 곁에서 특별 훈련을 받으며 그리고 어처구니없는 여러 사건사고를 경험하면서, 손님을 관찰하고 파악하는 눈썰미를 키워나간다. 손님의 사소한 행동과 말투와 버릇으로 미루어, 그가 할 주문과 원하게 될 서비스를 예상하고, 그에게 필요한 서비스를 알아서 미리 준비하게 된 주인공. 그는 점차 자신의 스승인 지배인이 받던 찬탄을 이어받게 되고, 결국엔 호텔에 찾아온 (무려) 에티오피아 황제의 개인 서빙을 돕는 위치에까지 이른다. 영국 왕을 모셨던 자기 사부의 뒤를 잇기라도 하겠다는 듯(진지한 소설은 아니니, 에티오피아 황제가 제2차 세계대전 이전에 체코를 방문한 적이 있는지 같은 것을 검색하지는 말자).

하지만 세상 일은 언제나 묘하게 꼬이는 법. 주인공은 제2차 세계대전의 포화에 휘말리게 된다. 체코는 히틀러의 나치 독일에게 침공당한다. 주인공은 광적인 나치 당원이 된 자신의 독일인 아내를 돕다가 얼떨결에 나치 협력자가 된다. 그는 나치 장교들을 위한 고급 호텔의 지배인으로 전격 발탁되고, 그곳에서 지배인에게 배운 기술을 십분 발휘한다. 그는 자신이 도맡아 서빙하는 나치 장교의 고향이 라인란트인지 포메라니아인지, 그가 바닷가 출신인지 산골 출신인지를 척척 맞추고, 그들이 무엇을 원하는지 쉽사리 예측하여 대령한다. 작고 보잘것없던 주인공은 이제 승리자가 된 것일까?

그러나 나치 협력자로서의 폼 나는 생활도 잠시, 전황이 기울어져 나치 독일은 동부전선에서 결정적인 패전을 거듭하고, 진격하는 소련군에게 쫓겨 쏟아져 들어오는 독일군 패잔병의 물결이 주인공의 도시까지 밀려온다. 빤히 내다보이는 임박한 독일의 패전. 체코인으로서 독일에 부역한 자신의 암울한 미래를 예측하는 주인공. 소설은 클라이맥스의 한 장면을 향해 치닫는다.

어떤 소설을 읽다 보면, 어느 순간 '작가가 딱 이 장면을 그리고 이 말을 하고 싶어서 이전까지 온갖 사연과 설명을 했던 것이구나' 싶을 때가 있는데, 이 소설에선 이 장면이 그랬다. 독일군 부상병으로 가득한 기차역에 주인공이 우두커니 서 있는 장면. 그 기차역에서 주인공은 물끄러미 패잔병의 무리를 바라보다가 우연히 거울에 비친 자기 모습을 본다. 지금껏 호텔에서 손님을 맞으며 그의 주문을 예상하던 주인공, 나치 장교를 보며 출신지를 맞추던 그의 눈은 이제 자기 자신에게로, 자신의 얼굴로 향한다. 거울에 비친 자기 얼굴을 바라보며 그는 이야기한다.

"…그렇게 이른 아침의 텅 빈 기차역에 서서 내 앞으로 걸어 왔다가 멀어져 가는 손님처럼 나 자신을 쳐다보았다. 에티오피아 황제를 모셨던 사람인 나는 이제 현실을 직면해야 하는 운명에 처했다. 다른 사람의 고통과 내면을 호기심 있게 즐기며 바라보았던 것처럼 나 자신을 들여다보고 있으려니 기분이 좋지 않았다."

패전의 그림자가 깃든 기차역의 거울에서 그가 들여다본 자신의 모습, 평생에 걸쳐 단련한 자신의 생활은 그런 것이었다.

다른 사람의 삶을 들으며, 상대방의 표정, 몸짓, 사소한 말실수, 인생에서 반복되는 실수와 버릇, 되풀이되는 대인 관계의 패턴, 번번이 실패하는 시도들, 유난히 집착하던 무의미한 것들을 관찰하는 것. 그리고 그 모든 것이 의미하는 바를 짐작해보는 것. 자신의 짐작이 맞는지 궁금해하는 것. 상대방을 계속 관찰해 나가면서 자기 짐작이 맞았는지 맞추어 보는 것. 결국 그것을 통해서 상대방에게 맞는 서비스(또는 솔루션)를 제공하는 것. 그러다 보면 가끔 그를 위해서가 아니라 나에게 생긴 궁금증이 앞서고, 그러다가 실수를 하기도 하는 것이다.

소설의 주인공이 평생 직업을 통해 배우고 갈고 닦은 것은 그 기술이다. 관찰과 짐작, 의심과 확인. 그것이 그의 밥벌이가 되었다. 세월이 많이 흐른 다음, 내가 호기롭게 편승했던 대열이 어느 순간 패잔병의 무리가 되고, 나의 선택이나 판단이 잘못되었음을 깨닫고, 이제는 그 선택과 판단에 대한 책임을 느끼는 순간이 온다.

지금까지 갈고닦은 관찰의 힘 때문에(혹은 덕분에) 그의 시선은 그 내부로 향한다. 필요 이상으로 빤히 들여다보이는 나의 얄팍함. 그 안에 자리 잡은 내 이기심, 공명심, 열등감 그리고 이루 헤아릴 수 없이 많은 나의 심정들이 적나라하게 드러나는 것을 무력하게 바라본다. 그리고 그 부인할 수 없는 자신의 모습 앞에 어느 순간 내동댕이쳐진다. 그때 밀려오는 허무함, 무상함, 부질없음.

어? 이거 어디서 많이 본 이야기인데? 아아, 그렇구나. 우리의 주인공인 그 웨이터, 그는 갱년기의 정신과 의사를 쏙 빼닮았는데?

성숙한 사람은
화를 익힌다

영화 〈1987〉엔 참 많은 '주연급' 조연 배우가 나온다. 정말 줄줄이 나온다. 영화는 박근혜 정권의 서슬이 퍼런 시기에 기획되고 촬영이 시작되었을 텐데, 〈변호인〉 같은 영화가 그 정권 아래서 어떤 불이익을 겪었는지 빤히 봤을 사람들이, 자신의 유명세를 고려하면 조금은 소소해 보일 수 있는 배역들을 앞다투어 맡았다는 점이 놀랍기도 하고 고맙기도 했다. 어쩌면 그런 불이익이나 (나중에 알려진 것처럼) 블랙리스트로 대변되는 억압적인 분위기가 영화인들의 자존심에 불을 붙였을지도 모르겠다.

쟁쟁한 배우들이 수도 없이 단역과 조연으로 등장하는 이 영화에서 (심지어 배우 강동원, 여진구, 설경구도 일부에서만 등장한

다) 극의 시작부터 끝까지 등장하며 핵심적인 역할을 하는 배우는 다름 아닌 치안본부 대공처장 박처원 역을 맡은 김윤석이다. 극중 최대의 악역이자 군사독재 정권이 저지른 모든 악행의 상징과도 같은 배역을 맡아, 무표정한 얼굴로 잔인하기 이를 데 없는 역할을 수행해 내는 배우의 연기력엔 감탄을 금할 수가 없다.

모든 민주적 절차와 공권력의 정당한 집행을 무력화시키고, 폭력적이고 탈법적인 힘으로 사람들을 고문하며, 자신들의 범죄 사실을 은폐하는 등 '빨갱이를 때려잡기 위해' 전력을 다하는 박처원은 극 중반부를 넘어가면서 본인이 그토록 빨갱이 때려잡기에 몰두하는 이유를 스스로 이야기한다.

해방이 되기 전, 박처원의 집안은 이북에서 부유한 지주로 살았다. 그의 아버지는 가난한 집안의 한 똑똑한 청년을 눈여겨봤고, 그를 후대했다. 청년은 박처원 집안의 대소사를 맡아 똘똘하게 운영했다. 우리나라뿐만 아니라 전근대를 벗어나 근대로 진입하기 위해 발버둥 치던 많은 '개발도상국' 사회에서 어렵지 않게 볼 수 있는 스토리다. 어린 박처원은 그를 '형님'이라 부르며 친형제처럼 따랐다. 그런데.

해방이 되고 박처원의 고향엔 공산주의 정권이 들어섰고, 박처원의 아버지는 '악질 지주'로 몰렸다. 인민재판과 즉결 처분이 횡행하던 해방 정국의 이북에서, 박처원의 아버지는 '인민의 적'이란 죄명으로 살해당했다. 그의 가슴에 죽창을 찔러

249

넣은 사람은 다름 아닌 박처원이 형님처럼 따랐던 바로 그 사람.

극중에서 박처원은 말한다. "내래 마루 밑에 숨어서 그 장면을 다 보았디 않았가서. 진짜 지옥이 먼디 알간? 내 가족이 죽어나가는 꼴을 두 눈으로 똑띠기 보문서리, 아무 말도 하디 못하고, 그걸 보고만 있는 기야." 그러면서 박처원은 고문 중의 최고 고문, 즉 '불지 않으면 네 가족도 네 눈앞에서 그렇게 할 수 있다'는 협박을 이어간다.

박처원의 아버지가 정말 악질 지주였는지, 그래서 재판도 없이 처벌될 만한 자였는지, 아니면 억울한 죽음을 당한 피해자였는지, 또 그 '형님'은 정말 배은망덕한 빨갱이였는지, 극은 친절하게 설명하지 않는다. 다만, 그 참혹한 광경을 목격한 어린아이가 커서 광기 어린 빨갱이 사냥꾼이 된 데는 끔찍한 트라우마가 있었음을 관객에게 적나라하게 보여줄 뿐.

아니 땐 굴뚝에 연기날 리 없고 세상에 핑계 없는 무덤은 없다는 말대로, 이유 없이 신념을 가진 사람은 없다. 분노는 때때로 신념의 가장 강력한 원인이 된다. 우리 주위에도 '빨갱이에게 모든 것을 잃고' 난 뒤 극우적 신념을 세상 모든 가치보다 앞세운 사람이 셀 수 없이 많다. 비슷한 과정으로, 이북엔 '양키에게 모든 것을 잃고'로 시작되는 개인적 신념의 형태를 가진 이도 많을 것이다.

하지만 바로 이 지점이 박처원 그리고 그와 같이 '분노의 신념'을 품은 사람들의 한계다. 백번 양보해 몰살된 가족으로 인해 개인적인 원한과 분노를 품을 수밖에 없는 상황이라 하더라도, 문제는 박처원이 그 사적 복수를 위해 공적인 권력을 끌어와 사용했다는 것이다. 박종철을 고문하다 죽음에 이르게 만든 죄를 '독박'으로 덮어쓰고, 사실 왜곡의 용도로 고문당하고 있던 자기 부하에게 박처원은 말한다. "너래 애국자야. 기죽디 말고 고개 빳빳이 들라우." 애국자. 박처원은 빨갱이 사냥이 바로 '애국'이라고 말했지만 그것은 사실 애국보다는 '효도'에 가까운 행위였고, 더 정확히 말하면 사적인 '복수'다. 이북에서도, 권력은 효과적인 권력 유지를 위해 미군에 의한 피해를 확대하고 과장해 대중의 분노를 조장했다.

그가 그렇게 될 수밖에 없는 사정을 이해하는 것과 그가 저지른 악행을 용납하는 것은 다른 이야기다. 잔혹한 연쇄 살인범이 어려서 받은 상처와 그를 괴롭힌 주변의 상황을 이해할수 있다고 해서, 그의 범죄 행각을 용서할 수 있는 건 아닌 것처럼. 박처원과 같은 트라우마를 갖고서도 다르게 행동하는 사람은 많다. 본능에 따라 행동하지 않고, 의지로 그 본능을 억제할 수 있다는 점이 인간을 짐승과 다른 존재로 만들어 준다.

사람의 정신 기능은 참 오묘해서, 마음속의 갈등을 여러 갈래로 다루고 다듬는다. 우리는 그것을 '방어기제'라는 이름으로 부르기도 한다. 대부분의 방어기제는 의식선상에 떠오르지 않는다. 무의식의 작용이다. 여러 가지 방어기제 중 '승화'라는 것을 설명할 때, 심리학 교과서에선 보통 이런 말을 쓴다. '마음속에 공격성, 살인 본능, 칼로 타인을 난자하고 싶은 무의식적인 충동이 있는 사람이 그 갈등을 제대로 처리하지 못하면 살인범이 되지만, 그 갈등을 잘 다루면 훌륭한 외과의사가 될 수도 있다'고. 앞 문단의 마지막 문장을 조금 바꾸자. 본능은 억제하는 것이 아니다. 본능은 잘 다루어 사람으로 하여금 사회에 '적응적 행동'을 하게 만들어야 하는 것이다.

252

❧

한반도의 분단과 참혹한 이념 전쟁은 박처원 같은 괴물을 탄생시켰다. 오랜 적대와 군사적 긴장 역시 그 전쟁의 결과물이다. 결국에는 무려 '핵 전쟁'의 공포에까지 내몰리게 된 이 땅의 현실. 화해의 훈풍이 부는 듯도 싶다가, 다시금 순식간에 풍전등화의 위기로 굴러 떨어지기를 수십 차례. 우리는 훈풍이 불 때도 이 바람의 뿌리가 얼마나 얕은지, 그래서 얼마나 작은 충격으로도 이 짧은 평화가 요동칠 수 있는지를 지켜볼 정도로 여러 번 겪었다. 그럼에도 이 땅이 전쟁의 참화를 두 번 겪지 않고 여태껏 버텨온 힘의 원천은 무엇일까.

그것은 아마 박처원과 같은 트라우마를 가진 채 같은 시대를 살아왔지만, 끝내 박처원 같은 괴물이 되지 않은 사람들 덕분일 것이다. 자신과 같은 트라우마를 공유하는 사람들이 도처에 널려 있어 누구의 눈치도 보지 않고 당당하고 쉽게 분노할 수 있었고, 또 그 분노를 쉽게 용인받을 수 있는 시대를 살아온 것이 우리 윗세대다. 이남에서는 '빨갱이를 몰아내자'라는 구호로, 이북에서는 '미제의 각을 뜨자'라는 구호로.

하지만 그 시절을 그렇게 분노로 살아오지 않았던 사람들 또한 우리 곁에 있음을 우리는 안다. 그들이 있어서 어쩌면 우리 세대는 아버지 세대가 겪었던 그 참화를 피할 수 있었는지도 모르겠다. 마음에 생긴 분노는 때로는 살풀이처럼 풀어야 하지만, 때로는 승화시킬 필요도 있다. 그 승화의 방어기제를, 정신과 교과서에서는 '성숙한 방어기제'라고 부른다.

얼음나라의
아무개손

북극해에 떠 있는 얼음나라 아이슬란드. 오로라와 빙하가 있는 아름다운 자연 환경으로 오래도록 여행객들의 꿈의 목적지였으나, 얼마 전부터는 그 자연 환경 못지않게 그 나라의 국가대표 축구팀 이야기로 화제가 되었다. 이들은 유로 2016에서 8강에 진출해 축구 팬들을 깜짝 놀라게 하더니, 2018 러시아 월드컵에서는 아이슬란드 사상 처음으로 본선 무대에 섰다. 심지어 조별 예선에서는 축구의 신이라는 메시가 이끄는 아르헨티나 팀에 맞서 전혀 밀리지 않고 1:1 무승부를 일궈내 자국에 최초의 월드컵 승점을 안기기도 했다.

전체 인구 34만, 자국 프로 축구 리그 없음, 대표팀 상당수가 투잡(월드컵에서 메시를 전담하던 수비수의 본업이 소금 공장 직원, 감독님 본업은 치과의사, 메시의 페널티킥을 막아낸 주전 골키퍼 본업은 영화감독). 그런데 연이은 대형 국제 대회에서의 괄목할 만한 선전. 전 세계 축구 팬들은 아이슬란드의 선전에 열광했다. 축구란 원래 강팀과 명선수의 화려한 플레이 때문에 보는 것이기도 하지만, '공은 둥글다'는 유명한 말처럼 어찌 뒤집힐지 모르는 승부의 짜릿함이 최고의 매력 아니겠는가. 루키 아이슬란드의 경기를 보는 것은 즐겁다. 하지만 아이슬란드 팀이 축구 팬들의 눈을 잡아 끈 것은 이게 다가 아니었다.

잘 보면 23명 선수단 모두 그리고 감독님까지! 선수단의 모든 이름이 시귀르드손, 하들도르손, 권나르손… 전부 '손' 자 돌림인 것이다. 손. 알파벳으로 쓰면 son. 영어로 아들을 의미하는 바로 그 '손' 혹은 '선'이다.

255

물론 이런 경우는 유럽계 사람들의 성에서 찾아보기 드문 일이 아니다. 예전에 성이란 것은 귀족만 가질 수 있었기에 대부분의 일반 백성들에겐 성이 없었다. 사회가 변하여 그 성이란 것이 대중에게도 널리 퍼지면서, 성을 만드는 몇 가지 방법이 생겼다. 그중 하나가 '집안 어른 아무개의 자손'이란 성을 만드는 것이었다. 그리하여 잉글랜드에선 존슨, 벤슨 같은 -슨, 스코틀랜드에선 맥아더, 맥도널드 같은 맥-, 아일랜드에선 오브라이언, 오코너 같은 오-, 덴마크에선 닐센, 안데르센 같은 -센 같은 성들이 생겼다. 이 성들은 모두 '누구누구의 아들 나아가 그 집안사람'이란 의미를 갖는다.

다른 유럽 나라의 성과 달리 아이슬란드 식 이름이 특이한 것은 손, 그러니까 son이란 것이 문자 그대로 '딱 그 사람의 아들'이란 뜻으로 사용된다는 것이다. 그렇기 때문에 아들과 아버지의 성이 달라지게 된다. 즉, 개똥이의 아들 말똥이는 말똥 개똥손이 되고, 그 말똥이의 아들 소똥이는 소똥 개똥손이 아닌 소똥 말똥손이 되는 것이다. (엄밀히 말하면 아이슬란드인은 성이 없이 퍼스트 네임과 부칭—그러니까 아버지 이름—만을 갖게 되는 것이라고 한다. 본인이 원하거나 외국에서 귀화한 사람은 예외적으로 성을 가질 수 있는데, 매우 까다로운 절차가 필요하다고.)

그러니 우리 모두는 아버지를 가지고 있으니까, 그리고 국가대표 축구 선수는 (어지간하면 다들) 남자이니까, 아이슬란드 축구 선수 전원은 '아무개손'이라는 이름을 갖게 되는 것이다. 그렇다면 딸의 이름은? 같은 원리로 '아무개도티르'가 된다. 영어의 도터 daughter와 어원을 같이한다. 2018년 월드컵 당시 아이슬란드 총리 이름이 바로 카트린 야콥스도티르였다. 카트린의 아버지는 야콥스 씨인 것이다.

이런 식의 이름 속 부칭(아버지 이름)의 사용은 러시아 계통의 슬라브인이나 중동의 아랍인들 중에서도 쉽게 찾아볼 수 있다. 알카에다의 수장이었던 오사마 빈 라덴은 '라덴의 아들 오사마'란 뜻이며, 러시아 대통령 푸틴의 이름 블라디미르 블

256

우리는 비 온 뒤를 걷는다

라디미로비치 푸틴은 '블라디미르의 아들 블라디미르'란 뜻을 담고 있다.

　명명법에 아버지 이름의 그늘이 짙게 깔리는 사회는 아마도 전통사회의 기능이 아직까지 더 많은 영향을 미치는 사회라고도 볼 수 있겠다. 아무래도 평생 제 아버지의 이름을 제 이름 뒤에 달고 다니려면 뭐랄까, 아버지가 늘 지켜보는 느낌 때문에라도 좀 더 점잖게 살게 되거나, 아니면 반대로 늦게까지 질풍노도의 반항기를 살게 되지 않을까. 정신과에서 말하는 관찰자아observing ego라는 것의 다른 형태가 될 것도 같다.

　사실, 우리 가까이에도 좋은 예가 하나 있다. 명품 연기로 유명한 배우 조진웅 씨. 사실 조진웅이란 이름은 예명이고 그이의 본명은 조원준이라고 한다. 연예인이 예명을 사용하는 것이야 흔한 일이지만 그의 예명이 남다른 이유는, 조진웅이란 이름이 바로 그의 아버님 성함이기 때문이다. 연예계로 진출하면서, '아버지의 이름으로 활동하면 최소한 남에게 부끄러운 짓은 안 하지 않겠느냐'라는 생각에서 붙인 이름이라고 본인이 인터뷰에서 밝힌 바 있다.

　이쯤 되면, 어지간한 사람이라면 다 아는 오이디푸스 설화가 떠오르지 않을 수 없다. 아버지를 살해하고 어머니를 차지할 저주받은 운명의 신탁을 받고 태어난 오이디푸스. 그와 그 아버지는 운명에서 벗어나 보려 애쓰지만, 결국 자신들의 운명을 거스르지 못하고 비극을 맞이한다는 이야기다. 한 아이의 정신성적 발달psychosexual development에서 아버지와의 관계에 얽힌 정상 발달 과정상의 경쟁과 좌절 그리고 타협과 통합이라는 일련의 프로세스 또한 오래전 프로이트 선생에 의해 '오이디푸스 콤플렉스'라 일컬어진 바 있다.

생각해 보면 우리 모두는 그 오이디푸스의 이름을 단 콤플렉스에서 자유롭지 못했고, 또 못하다. 과거의 한 시기에 우리는 아버지와 경쟁했고, 보통은 타협했고, 드물게 굴복했다. 여기서 아버지는 생물학적 아버지일 수도 있지만 아버지란 이름으로 상징되는 다른 모든 권위와 기존 질서일 수도 있다. 해결되지 않은 오이디푸스 콤플렉스는 때때로 우리의 발목을 잡기도 한다. 더러는 강한 의지로 우리의 등을 떠밀어 줄 때도 있다. 여성이라 해서 뭐 얼마나 다를까. 엄마와 경쟁하는 딸의 심리를 이야기하는 엘렉트라 콤플렉스를 들이대건, 오이디푸스 콤플렉스가 비단 남자 아이에게만 국한되지 않는다는 이론을 들이대건, 여성 역시 그 모든 과정에서 자유롭지 못하다.

오이디푸스 콤플렉스이건, 엘렉트라 콤플렉스이건, 아니면 이름을 달리하는 또 다른 심리학적 의미이건, 우리 모두는 용어를 뛰어넘어 이미 알고 있다. 직업을 고를 때, 배우자를 선택할 때, 아니면 금연이나 금주를 결심하거나 그 외에 다른 모든 중요한 결정을 할 때 그 결정은 오롯이 나 혼자만의 것은 아니라는 점을.

'아버지'라는 이름으로 상징되는, 우리가 자라면서 만나온 모든 사람들, 어른들, 제도들, 권위들, 규칙들이 내 등 뒤에서 내가 내리는 결정을 지켜보고 있으며 우리는 무의식 중에 그 모든 것의 영향을 받으며 결정을 내린다는 것도. 때론 탁월한 결정이 되고 때론 중대한 패착이 되는 그 모든 결정들은, 언제나 나 혼자만의 것이 아니라는 것을 우리는 잘 알고 있다.

아버지의 이름을 평생 내 이름 뒤에 달고 다니는 아이슬란드 같은 문화권에서는 오이디푸스 콤플렉스가 어떤 식으로 작용할까. 한 가지 성을 대대로 물려 쓰는 우리 문화권의 오이디푸스 콤플렉스와는 어떻게 다를까. 때로는 좀 더 부담스럽기도 하고, 때로는 좀 더 든든하기도 한 것일까.

이게 다
게임 때문이야

　　　　　　　동네 큰 사거리에 현수막이 걸려 있다. '청소년 폭력의 주범, 게임 산업을 규제하겠습니다!' 현수막을 내건 사람은 A당의 모 의원. 그는 A당의 비례대표 의원이며, 그 당의 우리 동네 지역 위원장이다. 직접 본 적은 없지만, 명절 때마다 자기 얼굴을 대문짝만하게 인쇄한 현수막을 우리 동네 입구에 걸기 때문에 낯이 익다.

　　사실, 우리 동네의 지역구 의원은 B당 소속이다. 지난 총선에서 A당 소속으로 출마해 낙선한 인물은 선거 기간 중 불거진 불미스러운 사건으로 정계 은퇴를 했는지 구속이 되었는지 아무튼 날아가고, 그 빈 지역구를 저 비례 의원이 차지했다. 비례대표로 또 공천될 순 없으니, 아마 우리 동네를 지역구로 삼아 다음 총선에 나올 모양이다. 그 의원에 대한 정치적인 호불호를 떠나, 어쨌거나 그는 지역 주민들에게 자기 얼굴을 알리는 데 아주 열심이다. 명절마다, 굵직한 정치적 사안이 터질 때마다, 우리 동네 주민들은 건널목을 지나면서 그 의원이 현수막 안에서 밝게 웃는 모습을 봐야 한다.

내가 살고 있는 동네는 전형적인 경기도의 베드타운이다. 대부분 이런저런 사정으로 서울에서 내려온 사람들이 살고, 그 사람들의 상당수가 서울로 출퇴근한다. 부동산 값이 오르내리는 데 민감하고 애들 사교육에 가정의 잉여 소득을 다 쏟아붓는, 그런 동네다. 좋게 말하면 교육열이 높고, 나쁘게 말하면 음, 뭐 하여간 그런 분위기다.

이런 동네의 학부모 모임에서는 애들이 하는 게임이나 이들이 모이는 PC방이 곧잘 성토의 대상이 되곤 한다. 옛 부모들이 제 아이들의 학업 부진에 대해 "우리 애는 똑똑하고 착한데 친구를 잘못 사귀어서"라며 핑계를 댔다면, 21세기의 부모들은 "저놈의 게임 때문에 착하고 똑똑한 우리 애가 망가졌다"고 말하곤 한다. 머리가 좋은데 성적이 안 나오는 것은 게임을 하기 때문이며, 엄마한테 눈 똑바로 뜨고 대드는 것도 게임 때문이고, 학교에서 다른 애들을 때리고 다녔던 것도 다 게임 때문이다.

그 부모들에게 게임은 모든 것의 원흉이다. 심리학 개론에 나오는 심리학 개념 중에 '투사projection'라는 것이 있다. 모든 것의 원인을 특정한 대상에게 뒤집어씌우는 걸 뜻한다. 진짜 원인이 무엇인지는 중요하지 않다. 뒤집어씌운다. 그렇게 뒤집어씌우고 나면, 사실 모든 문제의 원흉인 자기 자신의 잘못은 외면할 수 있기 때문이다. 그렇게 하면 본인은 마음이 편해지니까. 그러고 보면, 게임의 가장 큰 효용은 게임하는 아이들의 재미나 스트레스 해소가 아니라, 그 부모들의 원망의 대상이 되어주는 것일 수도 있다.

A당의 모 의원이 재선을 노리는 지역구의 동네 아이들은 세상천지 모든 아이들이 그렇듯 게임을 좋아하며, 세상천지 모든 아이들처럼 부모의 기대에 미치는 성적을 내지 못한다. 세상천지 모든 아이들이 그러하듯 우리 동네 아이들 역시 부모의 말을 고분고분 잘 듣지 않는다. 이 동네 부모들은 모두, 자기 자식을 미워할 수는 없으니까 자식 대신 원망할 무언가가 필요하다. 부모들의 그런 마음을 잘 긁어주려는 노력은 어쩌면 다음 총선에서 몰표로 돌아올지도 모른다.

그러니 동네 곳곳에 내걸린 현수막을 통해서 A당의 모 의원은 지금 '게임 산업 규제'나 '강력 범죄 대책'에 대해 이야기하고 있는 것이 절대로 아니다. 그는 지금 열심히, 조만간 있을 자신의 지역구 선거 운동을 하고 있을 뿐이다. 만약 성인의 투표권이 박탈되고 중·고등학생에게만 투표권이 주어지는 사태가 일어난다면, 그 의원이 내걸 현수막의 문구는 사뭇 달라질 것이라는 데에, 음, 5백 원을 걸겠다.

잘 있으라,
다시 만나요

외할아버지는 해방 뒤 6·25전쟁 전에 이북에
서 혼자 내려왔다. 아니, 아내와 두 아들 그리고 처갓집 식구
모두와 함께 내려왔으니 혼자라는 표현은 맞지 않다. 정확히
는 자신의 부모, 형제자매를 북에 두고 왔다고 해야 맞다.

이런 이유로 나의 어머니와 이모, 외삼촌들은 남한 땅에 큰
아버지, 작은아버지, 고모 같은 친척들이 없다. 외할아버지는
남한에 비교적 잘 정착했는데, 형제자매가 없는 타지에서 꿋
꿋이 일가를 이루고 다섯 자녀를 키워낸 데는 처갓집 식구들
과의 끈끈한 정 그리고 일제강점기 어린 나이에 일본에 밀항
하여 중학부터 대학까지 고학으로 졸업한 독기가 바탕이 되었
을 거라고 어른들은 이야기했다.

그런 환경 때문인지 어린 손주에겐 다정한 외할아버지였으나, 다 어른이 된 지금에 와서 떠올려 보면 그에겐 냉정한 부분도 적잖았다. 좋게 표현하면 강직했다 할까. 공직에 오래 계셨던 외할아버지는 막내 삼촌이 결혼할 무렵 "너희 다섯 공부시키고 키우느라 이제 남은 돈이 없다. 막내인 너에게 재산은 못 물려주지만 이것이 아버지의 정신이라 생각하고 물려받아라"는 말과 함께 퇴직 때 받은 훈장을 주셨다. 이 이야기는 그 냉정함과 강직함의 상징 같은 에피소드로 지금도 가끔 등장한다.

80년대 후반인지 90년대 초반인지, 남북 간에는 짧은 해빙기가 있었다. 지금이야 남북 예술단이 서울과 평양을 오가며 남북 교류의 꽃으로 주목을 받지만, 그때 남북 교류의 절정은 이산가족 상봉 행사였다. 아직 남북으로 갈라진 가족 구성원들이 수도 많고 정정하던 때였다. 수백 명 단위로 남북을 오가며 수십 년을 헤어져 있던 가족이 꿈에 그리던 상봉을 했다. 남쪽의 늙은 아들이 북쪽의 더 늙은 어머니를 붙잡고 '오마니'를 연발하며 굵은 눈물을 흘리는 장면은 모두의 심금을 울렸다.

수백 명이라면 많은 숫자 같지만 전체 남북 이산가족의 숫자를 생각하면 그야말로 새 발의 피보다도 더 적은 숫자다. 당연히 상봉을 신청한 사람의 대다수는 그 기쁨을 누리지 못했다. 기억에 의하면 경쟁률이 몇천 대 일이었으니, 목 빠지게 기다려야 했다. 신청해 놓고 하염없이 상봉을 기다리다가 나이든 가족들은 하나둘 세상을 떴다.

그렇다면 우리 외할아버지는? 놀랍게도 상봉 신청을 하지 않았다. "어차피 될 확률도 없고, 저거 다 이쪽저쪽의 정치꾼들에게 놀아나는 것이다"라고 할아버지는 이야기했다. "나중에 직접 자유롭게 오갈 수 있게 되면 그때 가보겠다"고 말하기도 했다. 그리고 몇 년 지나지 않아 영영 세상을 떠난 할아버지는 실향민들이 으레 그렇듯 북에 가까운 경기도 북부의 산에 묻혔다.

10대의 나이에 집을 떠나 일본으로 갔던 외할아버지. 가족을 모두 고향에 남겨두고 처갓집 식구들과 월남한 할아버지. 굳이 북의 가족을 찾는 신청서에 이름을 적지 않았던 할아버지. 1930, 40년대 함경남도 신흥군의 머나먼 외가에서 어떤 일이 있었는지 나는 모른다. 어쩌면 할아버지는 당신의 가족과 모종의 갈등이 있었을지도 모른다. 하지만 이 같은 사연을 이야기해 줄 수 있는 어른들은 모두 이 세상 사람이 아니다.

되지도 않을 것에 놀아나기 싫다며 상봉 신청을 하지 않았던, 말년을 보낸 부산 해운대에서 '호랑이 할아버지'로 통하던, 그래서 조금은 냉정해 보였던 외할아버지. 하지만 할아버지가 모처럼 큰딸(그러니까 내 어머니)네에 왔다가, 마침 TV에서 방송되던 남북 이산가족 행사를 하염없이 바라보며 돌아앉아 눈물을 흘리던 모습을 나는 지금도 기억한다. 기억에 의하면 그게 내가 본 그 강한 양반의 유일한 눈물이었다.

이산가족 상봉 행사에서 가장 마음 아픈 장면은 늙은 아들이 더 늙은 어머니를 부둥켜안고 어머니를 연발하던 것도, 치매에 걸린 그 어머니가 이제는 더 이상 그 아들을 알아보지 못하게 된 것도 아니었다. 사람의 마음을 그야말로 찢어놓는 장면은, 그렇게 수십 년 만에 만난 가족이 짧은 만남을 뒤로하고 다시 기약 없이 헤어지는 것이었다.

버스 유리창에 손을 대고, 얼굴을 부비고, 헤어졌던 가족이 다시 헤어지며 통곡을 한다. 상봉을 한 가족은 돌아와서 더러 '차라리 죽은 줄 알고 살 때가 나았지, 보고 돌아오니 더 보고 싶어서 미치겠다'며 또 울었다. 그 아픔을 견디지 못해 스스로 목숨을 끊은 사람도 있다고 들었다.

어쩌면 외할아버지는 그 고통을 두려워했던 것이 아닐까. '왕래가 가능해지면 그때 가겠다'는 말의 숨은 뜻은 그런 것이 아니었을까. 북한 예술단의 단골 레퍼토리인 노래 〈다시 만납시다〉를 그 할아버지의 손자가 듣는다. 잘 있으라, 다시 만나요. 잘 가시라, 다시 만나요. 목메어 소리칩니다. 안녕히 다시 만나요.

다시, 이번엔 꼭 다시.

267

푸른 눈의
백정을 아십니까

늘 그곳에 있는 이에겐 평범한 일상이라 별 관심거리가 되지 않는 일들이, 외지인의 눈에는 신기하고 놀랍게 비춰지는 경우들이 있다. 우리나라 관광지 뒷골목에, 무서운 가위 그림과 함께 적힌 '소변 금지'란 큰 글씨 앞에서 활짝 웃으며 사진을 찍는 외국인들처럼.

그런 연유로 외지인의 손으로 적혀 전해지는 우리의 과거 모습도 새롭기만 하다. 1천 년 전 송나라 사람 서긍이 적어 남긴 〈고려도경〉이나 개화기 조선을 찾았던 서구인들이 남긴 조선의 인상기들이 그러하다.

19세기 말부터 20세기 초 조선을 방문했던 서구인의 기록엔 당시 조선인의 외모에 대한 언급도 적지 않다. '체구가 일본인보다 크다'는 이야기에 우리는 은근히 뿌듯해하기도 하고, '그 덩치 큰 조선인이 작은 체구의 일본인에게 쩔쩔 매며 맞고 있더라' 같은 대목에선 분개하기도 한다. 그런데 그중 이런 묘사에 다다르면 고개를 갸우뚱거리게 된다. '회색과 파란색 그리고 갈색 눈동자에 머리칼은 붉었다. 그들의 신장은 모두 180cm가 넘었다.'

언뜻 보기에도 기묘한 이 묘사는 19세기 후반 조선을 방문했던 미국인 샌즈Wiliam Franklin Sands가 1930년대에 펴낸《극동회상사기The Far East Undiplomatic Memorial》라는 책에 실린 내용이라고 한다. '에이, 그 양키 영감, 뻥도 심하네'라든가 '여러 나라 구경 다니느라 다른 곳과 혼동한 모양이네'라며 넘어갈 수도 있다. 물론 이 미국인의 말은 허풍일 수도 있고, 높은 확률로 오류일 수도 있다. 반대로, 그의 말이 만에 하나 사실일 수도 있다. 그 말이 사실이라면 그는 조선에서 도대체 누굴 만났기에 저런 말을 했던 것일까.

샌즈는 조선을 다인종 국가라 생각했다고 한다. 배를 타고 조선에 온 그가 인천 제물포 부두에 내리면서 처음 만난 조선인 중 일부는 실제로 키가 크고 눈빛과 머리색이 동양인 같지 않았던 것이다. 이후에 도성에 들어와 만난 일반적인 조선인들과 고관대작들은 현대의 우리와 같은 평범한 동양인의 얼굴이었지만, 혹자는 샌즈가 처음 만났던 '서양인과 같은 외모의 조선인'이 백정이 아니었을까 추측한다.

백정이 무엇이냐. 광대, 무당, 노비와 더불어 조선의 대표적인 천민이다. 천하고 불길하다 여겨 양인들이 꺼리던 가축의 도살이나 정육의 매매, 가죽 공예 등을 담당했던 계층이다. 보기만 해도 눈을 씻어 부정을 닦아냈다는 인도의 불가촉천민 정도까지야 아니었다 하더라도, 백정이 속한 천민 신분 역시 조선조 내내 제대로 된 사람 취급을 받지 못하고 차별과 격리의 대상이었던 집단이다.

　천민인 백정의 기원은 무엇일까? 전통사회에서 양민이 천민으로 떨어지는 원인은 많았다. 전쟁 포로 같은 국제적 요인, 채무 불이행 같은 경제적 요인, 대역죄인의 친척인 정치적 요인. 그리고 상황 때문에 어쩔 수 없이 받아는 들이되 거주 지역과 종사 직업을 철저히 제한받은 이주민 집단들이 있었다.

　우리 땅으로 집단 이주한 이민족(주로 북방계 유목민)의 이야기는 우리 역사에서 결코 적지 않다. 나라의 변경은 언제나 소란스러웠고 해, 동호, 숙신, 말갈, 거란, 여진, 몽골 같은 이민족들은 때로는 침략군으로, 때로는 난민으로 국경을 넘었다. 일부는 소란의 원인이 되었고 일부는 상황이 호전된 뒤 본국으로 돌아갔지만, 또 일부는 이 땅에 남았다.

　정부는 습속이 다른 그들의 이주를 허용하되 삶터를 제한하고 특정 직업에만 종사하게 함으로써 일반 인구 집단과 격리

했다. 그들에게 주어진 직업 중 하나가 도축이었다. 심지어 고려 시대엔 도축을 전문으로 하는 천민 집단 중에 '달단'이라 불리는 집단도 있었다. 달단은 초원 유목민의 한 갈래인 타타르라는 이름의 한자 음역이다. 귀순한 유목민 중 일부에게 자기들 고향에서의 습속을 살린 직업을 갖게 했음을 알 수 있는 대목이다.

그 유목민의 후손들은 천민이라는 차별 때문에 조선의 다른 백성들과 유전적으로 격리된 채 자신들의 DNA를 의도치 않게 유지해 왔다. 조선 말기 백정의 외양이 서양인과 흡사했을 거라 추측하는 것도 바로 이 때문이다. 그래도 한 가지 의문이 남는다. 현대를 사는 만주족이나 몽골 사람을 보면 겉모습이 우리와 그다지 다르지 않다. 아니, 중국 둥베이와 몽골 초원, 러시아 동부 시베리아 어디를 가도 푸른 눈과 붉은 머리의 토착민은 찾기 어렵다. 어차피 유목민이라 해도 우리랑 비슷하게 생겼는데?

역사에는 지금의 몽골과 만주의 초원을 차지했던 많은 부족의 이름이 나온다. 흉노, 실위, 정령, 철륵, 유연 같은 부족들은 때로는 이란계, 때로는 몽골계, 때로는 투르크계로 추정된다. 한 부족이 제국을 이루면 일대의 모든 부족이 그 이름 아래 모

271

인다. 그 제국이 무너지고 다른 부족이 헤게모니를 잡으면 또 많은 이들이 그 부족임을 자처한다. 한마디로 돌궐 제국, 한마디로 위구르 제국이지만 그 안엔 한 가지 언어를 쓰는 한 종류의 인종만 사는 것은 아니란 이야기다. 초원의 유목 지대에선 여러 민족이 섞여 살면서, 그중에 패권을 쥐는 민족이 계속 변동했던 것이다.

고고학적 발굴은, 동방의 초원에 푸른 눈과 노란 머리의 인도-유럽계 인종이 존재했음을 그리고 점차 몽골계와 투르크계의 발흥에 따라 이 동방의 노란 머리들이 사라져 갔음을 보여준다. 고구려의 국내성을 정복하고 불을 지른 민족으로 알려진 선비족 중에도 파란 눈과 노란 머리의 일족이 섞여 있었다는 사실을 알려주는 문헌은 많다.

당나라 시인 소동파의 시 중에는 '붉은 구레나룻에 파란 눈의 옛 선비 사람'이라는 구절이 나오며, 동진의 2대 황제 명제에게 반역의 깃발을 들었던 왕돈은 자기 황제를 '수염이 노란 선비족의 아이'라 모욕했다. 모계를 통해 선비족의 피가 명제에게 섞여 있었기 때문이다.

자, 그렇다면 이렇게 생각해 볼 수도 있지 않을까? 몽골의 초원엔 지금의 몽골인을 닮은 유목민뿐만 아니라 지금의 서양인을 닮은 금발이거나 붉은 머리, 파란 눈을 한 장신의 유목민들도 섞여 있었다.

초원의 정세가 변함에 따라 그들 중 일부가 한반도로 귀순

하였고, 당시 정부는 습속도 다르고 외양도 다른 그들을 지정된 장소에서 정해진 직업만을 갖고 살 수 있다는 조건으로 받아들였다. 천민으로 차별되어 여타 백성들과 통혼하지 못하고 조선 후기까지 특이한 외양을 지닌 채 살아온 그들 중 일부는 사회가 변화함에 따라 조상의 직업을 잃고서 개화기에 인천 부두에서 고된 부두 노동을 하게 되었다. 미국인 샌즈는 바로 그들을 만난 것은 아닐까.

개화 백 년, 우리는 전통사회의 신분제도를 거의 완전히 철폐했다. 비록 돈으로 계급이 나뉘는 새 신분제도가 들어오긴 했지만, 이젠 최소한 누구도 조상이 양반이었거나 달단이었다는 이유로 차별받지 않는다. 아니, 그 이전에 온통 사고판 족보를 통해 전 국민이 양반의 자손, 왕가의 자손이 되어버렸다. 지금 대한민국엔 유전적으로 격리된 집단 같은 것은 존재하지 않는다. 특별히 차이 나지 않는 비슷비슷한 외모를 가지게 된 우리는 자연스럽게 '우리는 모두 단군 할아버지의 자손'임을 자임한다.

273

하지만 누가 알까. 유난히 콧대가 높고 눈이 움푹한 데다 얼굴이 흰 내 친구의 먼 조상은, 몽골 초원에서 말을 달리다가 모국의 붕괴 후 압록강을 건너 이 땅에서 새 삶을 찾으려 했던 어떤 유목 왕자의 자손일지 모른다.

    그러니 단일 민족, 단일 문화이기에 예멘에서 온 이슬람 난민들을 받아들이는 건 곤란하다는 말은 이제 좀 그만했으면 좋겠다. 우리는 예전에도 단일하지 않았고, 지금도 단일하지 않으며, 앞으로도 단일하지 않을 것이기 때문이다.

시에라리온의
단 한 사람

예전에 어디던가, 시에라리온이던가. 아무튼 서
아프리카 어딘가의 내전에 대한 르포 기사를 읽은 적이 있다.
아프리카의 내전과 난민에 관한 이야기는 언제 어느 때건 차
고 넘칠 정도로 많지만, 그 기사가 유독 기억에 남은 것은 내
전과 학살로 얼룩진 이 나라엔 그로 인한 정신적 외상(흔히 트
라우마라 하는)으로 고통받는 사람들이 많은데, 그 치료를 담당
할 정신과 의사가 나라 전체에 단 한 명(!)밖에 없다는 이야기
때문이었다.

아프리카의 몇몇 내전들은, 찬찬히 들여다보면 정말로 끔
찍하다. 그곳에선 인종과 종교, 언어, 정치적 기반이 달라 내전
이 일어난다. 이쪽에서 저쪽을 죽일 때, 그냥 깔끔하게 죽이는

법이 없다. 글로 옮기기 힘들 정도의 온갖 잔인한 방법이 동원된다.

여자들은 일상처럼 성폭행을 당한 뒤 임신하고 출산하고 살해당한다. 어린아이들은 나중에 반대편 전사가 될 수 있다는 이유로 손을 자르고 남겨두거나, 잡아가서 자신들을 위해 싸워줄 소년병으로 만든다. 열 살도 채 되지 않은 아이들이 맨 정신에 총으로 사람을 죽이지는 못하니까, 아이들에게 당연하다는 듯 마약을 먹여 전쟁터로 내보낸다. 그러다가 그 아이들의 정신 상태가 황폐해지면, 버린다. 마찬가지로 반대편 소년병이 되지 않도록 손과 발을 자른 다음에.

도저히 제정신으로 살아갈 수 없는 환경에, 정신과 의사를 만나 치료를 받는다는 것은 언감생심 꿈도 꾸지 못한다. 정신과 의사는커녕 응급 상황을 봐줄 의사조차 나라에 남아나질 않으니까. 의사들은 소년병들과 비슷한 이유로 살해되었거나, 아니면 이미 예전에 다 다른 나라로 도망가 버렸을 것이다.

하긴, 시에라리온 같은 나라에서 '정신적인 회복'이나 '재활'을 말하는 것 자체가 사치일지도 모르겠다. 매일매일 소녀들은 강간당하고 소년들의 팔다리는 잘려나가고 있는 곳이니까. 그래도 인구가 7백만 명이 넘는 나라에, 정신과 의사가 단 한 명이라니. 그 숫자가 상징적이어서 너무 현실적이고, 현실적이어서 끔찍했다.

배우 김윤석과 유아인의 연기가 빛났던 영화의 원작으로 알려진, 김려령 작가의 소설 《완득이》 같은 책을 우리는 성장 소설이라 부른다. 넓게 보면, 무라카미 하루키의 소설 《노르웨이의 숲》이나 더스틴 호프만의 영화 〈졸업〉 같은 작품도 성장물이라 부를 수 있을 것이다. 아다치 미츠루의 만화들까지도.

그 책과 영화에는 성인이 되기 직전 혹은 막 성인이 된 사람들, 아직은 사회에 완전히 적응하거나 물들지 않은, 그러나 어떻게든 자기 자리를 찾아내려는 사람들의 분투가 그려진다.

하지만 코트디부아르 소설가 아마두 쿠루마Ahmadou Kourouma의 소설 《열두 살 소령》 같은 책을 보면, 이건 완전히 경우가 다르다. 시에라리온 내전, 라이베리아 내전의 틈바구니에서 열 살이 되기 전에 소년병이 되어 마약에 취해 사람을 살육하고, 도대체 자신에게 무슨 일이 벌어진 건지 다 알지도 못한 채로 PTSD라 할 법한 단계에 오른 한 아이. 그런 곳에서의 성장이란, 과연 아귀도나 지옥도와 얼마나 다를 것인가.

서아프리카의 시에라리온은, 라이베리아는 그리고 그 외의 많은 나라는 왜 저런 끔찍한 내전을 겪어야만 할까. 앞에서 나는 '인종과 종교, 정치적 기반이 달라서'라고 적었다. 이 말은 반은 맞고 반은 틀리다. 아프리카의 나라들은 대부분 여러 인종과 종교가 섞여 있는 상태다. 예를 들어 코트디부아르엔 아카, 만데, 구르 사람이 살고 있는데, 만데 사람은 코트디부아르, 나이지리아, 세네갈 등에 산다.

이렇게 된 데는 아프리카를 분할해 식민 지배한 서구 열강의 책임이 크다. 그들은 아프리카 사람의 생활권과 무관하게 국경을 그었고, 그 결과물로 인종과 종교와 풍습이 갈등할 수밖에 없는 아프리카의 정치 지형을 만들었다. 하지만 그렇다고 해서, 인종과 종교가 뒤섞인 나라에서 다 끔찍한 내전이 일어나진 않는다. 그곳에서만 유독 저 끔찍한 내전이, 서구 선진국의 방관 속에서 일어나는 데는 다른 명백한 이유가 있다. 그곳에 '돈 되는 것'이 있기 때문이다.

그 돈 되는 것은 때로는 카카오고, 때로는 다이아몬드다. 레오나르도 디카프리오가 주연한 영화 〈블러드 다이아몬드〉가 바로 시에라리온의 다이아몬드와 그 이권을 놓고 벌어지는 끔찍한 내전을 배경으로 해서 만들어졌다. 사람들은 자신의 싸움을 자주 인종과 종교 때문이라고 말하지만, 결국에는 돈 때문에 사람의 탈을 벗는다.

✿

나는 거의 매일 작은 진료실에 앉아 사람들의 이야기를 듣는다. PTSD에 걸릴 만한 끔찍한 경험을, 그로 인해 지금까지 해결되지 않는 고통을 호소하는 사람들도 더러 본다. 그렇게까지 심한 경우는 아니더라도, 가슴 아픈 사연과 험난한 곡절의 이야기는 더 자주 듣는다. 그렇지 않았다면 그들은 굳이 정신과 진료실을 찾지도 않았을 것이다.

나는 그들의 이야기를 듣고 때로는 공감하고, 때로는 위로하며, 대체로는 개입하지 않고 묵묵히 듣는다. 듣다가 진단을 하고, 내 생각에 가장 적절한 약물을 선택해 처방하기도 한다. 환자는 때로 눈에 띄게 좋아지지만, 때로는 잘 낫지 않는다. 그러면 나는 가끔 막막해하고, 가끔 내 한계에 대해 생각하기도 한다. 가끔은 이야기해야 할 환자가 많아서 힘에 부치기도 하는데, 그러면 또 막막해지기도 하는 것이 내 일상이다.

그러다가 가끔 내전과 학살과 인종 청소와 마약과 소년병과 팔다리가 잘린 어린아이들과 아비를 알 수 없는 아이를 끝도 없이 임신하고 출산한 소녀들로 가득한, 인구 7백만의 나라에 홀로 남겨졌다는 단 한 명의 시에라리온 정신과 의사를 상상하곤 한다. 그의 마음은 어떠한 것일까. 홀로 남겨진 그의 처지를 생각하면, 내가 감히 함부로 막막하다고 말하면 안 되는 것 아니냐고 가끔 생각한다.

이런 보호자,
저런 보호자

정신과 의사들끼리 하는 농담으로, '소아정신과는 사실 부모정신과'라는 말이 있다. 병원을 찾은 소아 환자가 보이는 정신적 문제의 적지 않은 부분은 부모의 잘못된 양육에 원인이 있다는 말이기도 하고, 정신적인 문제가 있는 자녀를 키우다 보면 부모의 정서에도 어려움이 생길 수 있기에 소아 환자를 제대로 치료하려면 그 부모에 대한 치료(까지는 아니더라도 적어도 개입 정도)가 필요하다는 의미이기도 하다.

사실, 정신과 환자의 보호자를 어떻게 지지하고 도울 것인가에 대한 문제는 소아정신과에만 국한되는 문제는 아니다. 조현병 같은 만성 정신질환을 가지고 오래 치료를 받는 환자를 제대로 돌보기 위해서는, 병원과 의사도 중요하지만 보호자의 역할도 중요하다. 이는 어쩌면 병원보다 더 중요하게 생각해야 할 환경이기도 하다. 보호자들에게 알맞은 질병 정보와 치료 정보를 제공하고, 환자의 긴 투병을 지원하는 그들의 힘듦에 대해 공감하며 격려하는 일은 만성 질환 치료에서는 매우 중요한 일이 된다.

'긴 병에 효자 없다'는 말은, 아무리 생각해도 씁쓸하지만 부인할 수 없는 사실이다. 가족이 10년, 20년이 넘어가는 세월 동안 정신질환을 앓다 보면, 아무리 애정 있는 보호자라 하더라도 지치게 된다. 그럼에도 불구하고 환자를 포기하지 않고 꾸준히 보호자 역할을 하는 가족을 볼 때면 존경심이 생기기도 한다. 때로는 '아무리 힘들어도 그렇지 좀 너무하다' 싶은 보호자를 보기도 하고, '저런 보호자는 차라리 없는 것이 낫겠다' 싶은 보호자를 만나기도 하지만.

우리 병원에 입원한 만성 조현병 환자의 40퍼센트 정도는 우리가 잘 아는 일반 의료보험 환자고, 나머지 60퍼센트 정도는 '의료 급여' 환자다. 의료 보호 대상자라고도 불린다. 1종과 2종이 있는데, 1종 의료 급여 대상이 되면 개인 부담 없이 입원비 전액이 의료보험공단에서 병원으로 지급된다. 상대적으로 경제적 여유가 있는 사람들의 의료보험료의 일부를 헐어 경제적으로 어려운 처지의 사람들을 돕는, 아주 전형적이고 기본적인 사회보장제도다.

공정하게 운영되는 것이 원칙이기 때문에 의료급여 대상자가 되려면 당연히 법이 정해놓은 심사도 거쳐야 한다. 물론 가장 중요한 기준은 경제력이다. 일정한 수입이 있는지, 부동산 등 재산이 있는지 없는지를 잘 살펴서 대상을 정한다. 경우에 따라선 의료보험 대상자였다가 급여 대상자가 되기도 하고, 급여 대상자였다가 탈락하기도 한다. 사람의 경제적 사정이란 건, 세월에 따라 변하기도 하는 법이니까.

282

지적장애에 만성 조현병 환자였던 덕영 씨는 의료 급여 대상자가 아니었다. 작지만 그리고 본인이 거주하지는 못하지만 본인 명의의 집 한 채가 있었다. 돌아가신 부모님이 덕영 씨 앞으로 마련해 둔 것이라고 했다. 부모님이 돌아가신 이후론 큰형이 보호자 역할을 했다. 몇 달에 한 번씩 면회를 오고, 덕영 씨를 데리고 나가 외식도 하고 돌아왔다.

입원비 그리고 병원 매점에서 자잘한 일용품을 사는 덕영 씨의 용돈은 덕영 씨 앞으로 나오는 장애 연금에 큰형이 일정액을 더해서 충당했다. 작은형이 하나 더 있다고 했는데, 병원엔 한 번도 오지 않았다. 개도 살기 바쁘겠지만 그래도 서운하

우리는 비 온 뒤를 걷는다

다고, 늙은 큰형은 주치의 면담 때 몇 번 섭섭함을 털어놨다. 덕영 씨는, 그런 사정까지 제대로 파악하기엔 좀 많이 아팠다.

세월이 흘러, 큰형이 세상을 떠났다. 병원의 원무과에선 작은형에게 전화를 걸었다. 생전 오지 않던 작은형이 덕영 씨를 보러 왔다. 덕영 씨의 상태와 지금까지의 치료 내용에 대해서 설명하기 위해 만났는데, 환자에게 그다지 관심은 없어 보였다. 그래도 보호자 노릇을 하러 여기까지 온 것이 어디냐 싶었다.

작은형은 그후로도 몇 번 더 덕영 씨를 보러 왔다. 그는 나가서 외식이라도 하고 오겠다며 덕영 씨를 데리고 나갔다 왔다. 형이 돌아가고 난 뒤, 나가서 뭘 했냐고 물었더니 덕영 씨는 짜장면을 먹고, '지장'을 여러 번 찍고 왔다고 했다. 좀 수상했지만 설마 했다. 하지만 언제나 설마는 사람을 잡는 법이라, 몇 번 드나들던 작은형은 어느 순간 발길을 끊었고, 병원에서 거는 전화를 더 이상 받지 않았다. 그리고 어느 순간, 덕영 씨는 의료보험에서 의료 보호 대상자가 되었다.

가끔 생각한다. 정신과 의사의 역할은 어디까지인 걸까. 예를 들어 덕영 씨의 경우라면, 작은형의 행동을 보고 '설마' 하는 생각이 들었을 때 경찰에 신고했어야 했을까? 아니, 그런 개입을 할 법적 권한이 나에게 있긴 한 것일까. 덕영 씨의 작은

형은 정말 온전히 악인이었을까. 내가 알지 못하는 어떤 사정이, 그 삼형제와 부모 사이에서 있었던 것은 아닐까. 그 사정을 알아보고 판단을 내리는 것은 의사가 아니라 경찰이나 법원의 몫이지 않을까. 부모가, 자식이, 형제가 기약 없는 긴 투병에 들어갔을 때, 과연 가족은 어디까지 감당해야 할까.

조금 더 젊은 의사였던 시절, 덕영 씨의 경우와 비슷한 일을 본 적이 있다. 그때는 의분에 차서, 저 악마 같은 보호자에게 본때를 보여주겠다며 앙앙불락했다. 나이가 들면서 조금은 나태해지고 조금은 얌전해진 나는, 생각한다. 정신과 의사는 과연 환자의 삶에, 그러니까 거창하게 무의식과 방어기제와 초자아의 세계가 아니라, 환자의 재산권과 보험 관계와 상속과 간식비 입금에 얼마나 개입해야 하는 것일까.

아직도 정답은 모른다. 나는 그저, 그래도 내 환자 보호자의 대부분을 차지하는, 자신도 힘들고 지치고 때로는 화가 나기도 하지만, 그래도 나 아니면 누가 저 사람을 챙기겠냐며 꾸역꾸역 면회를 오고 간식비를 보내고 주기적으로 외박도 데리고 나가는 보호자들을 만나서, 수고가 많으시다고, 얼마나 고생이시냐고, 그래도 이번 달에는 상태가 좋으셨다고, 잘 될지는 모르겠지만 병원에선 최선을 다해 보겠다고, 말이라도 웃으며 하는 수밖에 없지 않나, 생각한다.

국가부도의
날

레지던트로 정신과 밥을 먹기 시작한 것이
2000년부터였던 것 같다. 2000년은 과연 어떤 시절이었을까?
1997년 말 우리나라에 IMF 구제 금융이 들어오고 난 뒤, 세상
이 온통 그로 인한 후폭풍으로 끙끙 앓던, 딱 그 시절로 기억
한다.

진료 여건과 환자 상태에 따라 다르지만, 정신과에선 일단
환자의 일생에 관한 이야기를 들어야 한다. 듣다 보면 사람의
삶이 다 다른 것 같지만, 어떤 의미에선 엇비슷하다. 누구의 어
떤 삶이든, 나름대로 좋은 시절이 있고 또 어려운 시절이 있다.
좋았고 나빴던 시기가 서로 다르고, 좋았고 나빴던 시절의 길
이가 다를 뿐이다.

2000년대 초반 정신과를 찾아온 환자들의 이야기에 득이한 점이 하나 있었다면, 시기를 달리하는 사람들의 삶의 오르내림이, 딱 한 시기에는 모두 '매우 나쁘고 안 좋았던 기억'으로 수렴한다는 것이었다. 때론 잘나갔고, 때론 어려웠으며, 때론 기뻤고, 때론 슬펐던, 여러 사람의 인생이 한 지점에서 만나고, 그 지점에서 무너진다. 그 무너짐의 이야기는 보통 이렇게 시작한다. "…그러다가 제가 97년도 IMF 때에…."

시기가 시기였던 탓도 있다. 물론 그때가 아니더라도 기쁜 일 많고 잘나가는 사람이 정신과에 상담하러 오진 않을 테니 당연한 일일 수도 있겠다. 하지만 아직 서른도 되지 않았던, 사회 경험이라고는 눈곱만큼도 없던 애송이 시절 나에게도 환자들의 입을 통해 들은 2000년대 초반 그 모든 삶의 모습들은 살풍경했다. 실직, 파산, 해고, 이혼, 자살….

환자의 그 아우성들은 초보 정신과 의사이던 나에게도 진료를 넘어 깊은 흔적을 남겼다. 사람의 삶이란 게 개인의 사정이 아니라 사회의 시스템에 의해서도, 이렇게까지 깊게 할퀴어질 수 있구나. 전쟁이 나지 않는다고 해도, 이런 집단적인 상처가 가능한 것이로구나.

그 뒤로 20년이 가까운 세월이 흘렀다. 여전히 환자를 처음 만나면 진료 여건과 환자 상태에 따라 다르지만, 그 사람 일생의 이야기를 길게 혹은 짧게 듣는다. 요새 환자들 인생도 여전히 오르내림이 있고 기쁜 날과 슬픈 날이 교차한다. 하지만

20년 전과는 달라졌다. 요새 환자들의 인생사 중엔, 어지간해
선 "그러다가 제가 97년도 IMF 때"라는 이야기는 나오지 않
는다.

20년의 세월이 흐르는 동안, 모두가 힘들어했던 IMF 경제
위기의 상처가 마침내 아문 것일까? 그럴 리는 없다. 많은 사
람에게 IMF는 회복이 되어서가 아니라, 새로 생긴 상처가 이
전의 상처를 덮는 형식으로 잊혔다. 새 상처로 인한 고통은 지
난 세월의 상처에 무감하게 만든다. 대부분의 사람들에게 IMF
이후로도 삶은 계속해서 고난이었을 뿐이고, 새로 받은 상처
는 옛 상처의 기억을 희미하게 만들었다. 잘 극복했거나 새로
운 고난을 만나지 않은 사람은 정신과에 또 오지 않기 때문이
기도 하겠지만.

총칼이 부딪히고 피와 살이 튀는 전쟁에서, 병참과 더불어
의료는 대표적인 후방 지원 부대가 된다. 다치고 손상된 병사
를 치료해 다시 전장으로 돌려보내는 것이 군의관의 일이다.
그런 의미에서 IMF 구제 금융과 그로 인한 사람들의 깊은 상
처는 정신과 의사에겐 전쟁에 준하는 일이었고, 그런 의미에
서 우리에게 IMF는 문자 그대로 전쟁이었다.

요샌 그런 깊은 상처를 흔히 트라우마라 부른다. 여러 명의

사람이 함께 경험한 트라우마는 '집단 트라우마'라고 한다. PTSD가 무서운 것은 잊고 싶은 지나간 일의 트라우마가 현재의 삶에서 지속적으로 재경험되며 각성되기 때문이다. 영화 〈택시 드라이버〉에서 주인공 로버트 드니로는, 이미 끝난 지 오래인 월남전 참전의 상처 때문에 잠을 이루지 못해 야간 택시 운전을 한다.

트라우마로 인한 그 모든 부정적인 감정들은 넓은 의미에서 불안의 범주에 속한다. 넓은 의미의 불안은 때때로 삶을 마비시키는 악역을 맡기도 하지만, 때로는 위기에 대한 적절한 경고의 기능을 하기도 한다. 우리는 불안이 있기 때문에 닥쳐올 재난에 대비한다. 가능하다면 피했어야 할 트라우마인 IMF. 하지만 우리는 이미 겪었고, 그 상처는 우리 뇌리에 깊숙이 남았다. 기왕 겪은 상처라면 덧나지 않게 잘 치료해야 하고, 가능하다면 거기서 뭔가 작은 교훈이라도 배워야 한다. 집단 트라우마라면, 그 이후의 삶을 건강하게 살기 위해 집단 모두가 같이 노력해야 한다.

✿

2018년 겨울, 1997년의 IMF를 다룬 〈국가부도의 날〉이라는 영화가 개봉했다. 나는 재미있게 봤는데, 경제를 잘 아는 사람들은 영화를 불편해했다. 나는 경제에 대해 잘 알지 못하지만,

그 영화에서 제시된 'IMF 앞의 선과 악'이라는 것이 사실과는 좀 차이가 있겠다는 것은 알 수 있었다. 영화에서처럼 정부는 악, 한국은행은 선, 이런 도식화된 선악이 있었을 리 없다. 하지만 한 가지, 영화가 말하려는 의도 하나는 짐작이 갔다. IMF라는 집단 트라우마는, 엄밀히 말하면 한국인이라는 집단 전체의 트라우마는 아니었다는 것.

'공식적으론' 그때 다들 힘들었다고 되어 있지만, 누군가는 거기서 이득을 취했다. 심지어 누군가는 그 이득을 위해 트라우마를 조장했다는 게, 또 하나의 불편한 진실이다. 영화는 그렇게 깊은 트라우마가 우리 집단 전체를 할퀼 때 누군가는 그 상처의 일렬선상에서 벗어나 있었음을 보여준다. 어쩌면 영화가 말하고 싶었던 것은, IMF 자체가 아니라 그렇게 '슬쩍 벗어나서 제 이익을 취한 자'들에 대한 질타가 아니었을까.

누군가는 지워지지 않는 상처를 받고 있을 때, 누군가는 조용히 선에서 벗어나 제 지갑을 채웠다. 그리고 20년이 흘렀다. 모두가 집단 트라우마로 힘들어할 때, 누군가는 전혀 받은 적 없는 트라우마가 자기에게도 있었다는 듯 연기하며, 자신도 전체의 일원인 척한다.

좋게 말해서 화끈하고, 나쁘게 말해서 성질 급한 우리는 사회 모두의 공분을 살 만한 자가 우리 앞에 던져졌을 때 섭세 분노한다. 자, 천하의 못된 놈이 여기 나타났소. 팔 가진 자는 모두 모여 저 놈을 돌로 쳐라. 분노한 사람들이 던진 돌에 나쁜 놈이 피를 흘리며 쓰러질 때, 정말 나쁜 놈은 누구도 눈치채지 못한 틈을 타 군중 속에 숨어들어 일원인 척 행동한다.

우리가 심대한 '국가 차원의 집단 트라우마'를 경험하고도 이를 충분히 극복해 내지 못하는 이유를 생각해 본다. 그 이유가 어디 하나뿐이겠는가마는, 어쩌면 그것은 대부분의 사람들이 함께 겪은 그 트라우마를 홀로 피해 갔으면서, 오히려 집단 트라우마를 이용해 이득을 얻었으면서, 이제 와서는 마치 자신도 힘들었던 척하려는 사람들 때문도 있지 않을까.

그런 사람들은 일제강점기에도, 6·25전쟁 중에도, 개발독재 시대에도, IMF 때에도 그리고 지금도 우리 곁에 도사리고 있다. 같이 겪은 척, 같이 아파하는 척, 도와주려는 척, 이해하는 척하면서 위기에 처해 있는 사람의 자기 방어를 해체시키고 자신의 욕구를 만족시키려 하던 사람들.

그들은 눈에 잘 띄지 않는다. 분명히 존재하지만, 찾기 어렵다. 찾기 어려우니 해결하기도 어렵다. 우리는 요새 '그루밍 Grooming'이라는 용어를 새로 배웠다. 가스라이팅Gaslighting과 함께 자주 등장하는 이 단어는 대인 관계에서 일종의 가해를 하는데, 서서히 천천히 젖어들듯 가해하여 피해자로 하여금 자신이 지금 피해를 입는지 눈치채지 못하게 하는 것을 말한다.

어쩌면 우리 주위엔 우리 집단이 20년 전에, 아니 지난 100년 동안 겪은 트라우마를 이용해 그루밍 폭력을 사용하려는 이들이 있는 것인지도 모르겠다. 그들은 20년 전에, 50년 전에, 100년 전에, 그 트라우마의 일렬선상에서 슬쩍 벗어나 있던 이들과 어쩌면 같은 사람들이다.

어쩌다 보니,
단골집

사촌 형에 관한 이야기를 하나 해보려고 한다. 그와 나는 사촌 사이지만, 서로 사는 게 바빠서 자주 보진 못한다. 가끔 문자나 전화로 '언제 한번 보자'고 말은 하는데, 다들 그렇듯 대부분의 경우는 말로 끝난다. 요샌 직접 만나지 못해도 SNS로 근황을 알게 되는 경우도 있던데 형은 그것도 안 하는 모양이다. 아주 오래전에, 아마도 싸이월드가 횡행하던 때즈음에 형이 쓴 글을 몇 번 본 적 있는데, 나는 어딘가 쓸쓸한 냉소가 느껴지는 형의 글을 좋아했다.

90년대 초반에 대학을 다닌 형은 공부보단 데모를 열심히 하는 학생이었다. 그 때문에 이런저런 고초도 좀 겪었다. 그러던 형은 나중엔 공부하는 사람이 되었고 유학까지 다녀와 지금은 가르치는 사람으로 살고 있으니, 세상일이란 역시 알 수가 없다. 형이 예전에 썼던 글 중 지금도 기억에 남는 것은 신촌의 자기 단골 술집에 대한, 아니 엄밀히 말하면 술집 주인에 관한 글이었다.

형은 술을 퍽 좋아했고 자기 학교 앞엔 적잖은 단골 술집이 있었는데, 그중 한 곳에서 있었던 일련의 일들이었다. 그 가게에 처음 가게 된 사연, 첫 방문에서 받은 느낌, 처음엔 거북했다가 어느새 친해지게 된 주인과의 인연과 그곳에서 만난 사람들, 늦은 나이에 입대한 그를 그 술집 주인이 치킨을 들고 찾아온 일, 그리고 자기가 유학 중에 듣게 된 그이의 죽음과 그때의 슬픔에 대해서, 형은 길지도 짧지도 않게 적었다.

그러니까 그 글은 죽은 술집 주인을 추모하는 일종의 추도사였던 것이다. 글의 말미에 형은 '인연을 마무리하는 법을 나는 아직 알지 못한다'라고 적었는데, 왠지 그 말이 오래도록 기억에 남았다. 앞에서 내가 형의 글이 냉소적이라고 적었던가. 냉소가 아니라 절제라고 하는 것이 더 맞는 말이겠다. 내면에서 폭주하는 감정을 형은 차분히, 길게, 조용히, 마음 아프게 적었다. 그 글이 좋아서 나는 당시 내 싸이월드에도 복사해 올렸는데, 그 둘의 인연이 생기고, 진행되고, 종결되는 그 담담한 이야기에 그들과 일면식도 없는 내 일촌들도 눈물을 흘렸다며 댓글을 달았던 것을 아직 기억한다.

글에서 형은 이렇게도 말했다. '내 나와바리 안에 단골 술집 하나가 있다는 것이 사람을 얼마나 넉넉하게 하는가.' 그 글을 읽을 무렵 서른 남짓한 나이였던 나는 그 문장이 좋았다. 나에게 있어 '내 나와바리'는 과연 어느 동네일까도 오래 생각했다. 적지 않은 시간 동안 '내 나와바리 안의 단골 술집(혹은 밥집, 혹은 찻집)'을 찾아다니기도 했다. 외로운 날에 친구처럼 함께해 주는 단골집. 일상이 갑갑할 때 사람을 넉넉하게 해주는 단골집.

하지만 안타깝게도, 10년이 훨씬 지난 지금도, 그런 단골집에서 밥을 먹고 차를 마시고 술을 마실 복을 누리진 못하고 산다. 나는 요새도 지루한 저녁 자리를 파하면 혹시나 하는 마음에 혼자서 동네를 잠깐 배회하다가 그냥 집에 들어가곤 한다.

형이 신촌에서 다녔던 그 가게의 이름은 '섬'이었다. 가본 적 없는 그 술집에 얽힌 사연들을 나는 가끔 남들에게 이야기하는데, 생각보다 많은 사람이 그 술집과 주인이었던 퉁명스러운 중년 여성에 대해 깊은 추억들을 가지고 있어 놀랐다. 한번은 "우리 사촌 형이 신촌에 섬이라는 술집의 단골이었는데"라고 이야기를 꺼내자마자 눈물을 흘리기 시작하는 사람을 보고 당황했던 기억도 있다.

나는 한 번도 그 술집에 가보지 못했고, 그 집 주인인 '섬 누나'를 만나보지도 못했다. 그래서 과연 그곳의 무엇이 그렇게 사람들의 마음을 끌었는지 알지 못한다. 아니, 어쩌면 그 '섬'의 단골인 본인들에게 물어봐도 자신들이 그 집을 왜 좋아했는지, 섬 누나를 왜 잊지 못하는지, 정확하게 대답하기 어렵지 않을까.

우리의 단골집들은 어떻게 정해지는 걸까. 왜 우리는 이 집도 저 집도 아닌 그 집의 단골손님이 되었을까. 우리는 안주가 맛있어서, 값이 싸서, 깨끗해서, 더럽지만 나름 매력이 있어서, 집에서 가까워서, 반대로 집에서 멀어서, 주인장이 친절해서, 주인장은 별로지만 알바가 예뻐서(혹은 잘 생겨서), 늘 내 맘에 맞는 노래를 틀어줘서, 반대로 노래를 아예 안 틀어서, 순이(혹은 철수)와 헤어진 잊을 수 없는 장소라서, 돌아가신 외할머니가 생각나서, 좋은 기름을 쓰는 것 같아서, 식기가 예뻐서, 군만두 서비스를 줘서 그 집의 단골이 된다. 하지만 생각해 보자. 가장 큰 이유는 '어쩌다 보니'가 아닐까. 우리는 대부분, 어쩌다 보니 그 집의 단골이 된다.

우리가 그 집에 끌리게 된 데에는 다 이유가 있을 것이다. 어떤 이유는 우리가 알고 있고, 어떤 이유는 잘 모른다. 이럴 때 우리는 흔히 '왠지 끌려서'라는 이유 뒤에 숨는다. 왠지 끌려서, 왠지 좋아서, 왠지 그곳에 가면 편해서.

어디 술집뿐이랴. 우리는 우리가 지금 왜 이 동네에 살게 되었는지, 왜 이 사람과 살고 있는지, 왜 이 일을 하는지, 왜 이 옷

295

을 입었는지, 왜 이 통신사를 쓰는지, 왜 이 핸드폰을 샀는지, 왜 야구가 아닌 축구를 좋아하는지, 왜 진보(혹은 보수)인지, 자신 있게 대답하지 못한다. 그래서 대답하는 것이다. 왠지 끌려서, 왠지 좋아서, 왠지 그곳에 가면 편해서.

❧

때로 우린 값싸고 친절하고 깨끗한 '순이네' 포장마차보다 비싸고 무뚝뚝하고 오래된 '철수네' 포장마차에 간다. 심지어 자주 간다. 그곳엔 아마 가격과 친절과 청결로는 억누를 수 없는 무언가가, 그 무언가가 있어서 우리의 발걸음을 잡아끄는 모양이다. 사람이 무척 합리적인 것 같지만, 때론 사람처럼 비합리적인 존재가 없다. 이런 성향의 뒤에 있는 것이 바로 무의식이라고 프로이트 대선사께서는 말씀하셨지만, 뭐 그리 거창한 레퍼런스까지 필요할까?

아마도 한때의 기억과 그 기억에 강하게 결부된 어떤 감정, 그 기억과 감정을 둘러싸고 있던 빛, 냄새, 소리, 손에 닿았던 모든 것이 내 뇌의 해마, 변연계, 전두엽피질, 뉴런들, 시냅스와 그 사이의 신경전달물질들과 연관되어 어딘가에 강력한 '코어'를 만들었겠지. 그래서 낯선 동네에 뚝 떨어져 다 거기서 거기 같은 가게들 사이에서 어딜 가야 하나 망설이고 있을 때, 그들 사이에 어느 집이, 그 코어가 가진 열두 개 촉수 중에 단

296

하나의 촉수와 비슷한 빛을 혹은 냄새나 소리를 내며 우리를 부르면, 마치 홀린 듯이 그 가게로 들어간다. 그렇게 그 동네에서 내 첫 단골집이 생긴다. 그러고는 왜 그곳의 단골이 되었느냐 묻는 친구에게 대답하는 것이다. 왠지 끌려서, 왠지 좋아서, 왠지 그곳에 가면 편해서.

아무래도 다음에 사촌 형을 만나면 물어봐야겠다. 그때 형은 왜 '섬'의 단골이 된 거야? 요샌 그만한 단골집을 찾아냈어? 지금의 형은 그때처럼 자기 나와바리 안의 단골 술집을 찾아냈을까. 아니면 아직도 인연을 마무리하는 법을 배우지 못해 나처럼 뜨내기로 살고 있을까.

우리는
비 온 뒤를 걷는다

영화 〈라라랜드〉에서 제일 좋았던, 그래서 지금도 가끔 떠올리는 장면이 하나 있다. 영화의 맨 뒷부분에, 남자 주인공 셉과 여자 주인공 미아가 셉의 가게에서 우연히 다시 만났다가 말없이 헤어지는 장면.

그 장면은 연인이었던 둘이 헤어지고 몇 년의 세월이 흐른 뒤 느닷없이 관객에게 던져지는 장면이다. 미아가 그동안 어떻게 배우로서 성공했는지, 셉은 어떻게 해서 멋진 가게의 주인이 되었는지, 영화는 아무것도 친절하게 설명해 주지 않는다. 영화 내용의 대부분은 둘이 사귀던 시간을 다루지만, 물리적으론 훨씬 긴 시간을 차지할 '둘의 헤어짐 이후의 시간'에 대해서 관객은 아무것도 알 수 없다. 물론 그 시간 동안 많은 사연과 굴곡이 있었을 것이며, 많은 사람이 둘의 삶에 들어왔다가 나갔을 테지만. 그리고 그 결과로서 둘에겐 지금의 삶이 일궈졌을 것이지만.

그러던 어느 날 마치 농담처럼, 장난처럼, 아니면 말 그대로 영화처럼 두 사람은 조우한다. 알아보고, 잠시 놀라고, 하지만 다시 연주하고, 잠시 돌아보지 않고 기다리고. 고개를 들어보곤 미아가 없음을 알고 슬쩍 웃는 셉. 그 짧은 순간, 그 마음에 동시에 들었을 거라 짐작되는 두 가지 생각이 있다.

시간과 공간이 굴곡지는, 즉 우리에게 익숙한 직선적이고 일정한 시간의 흐름이 뒤틀리는 것은 영화 〈인터스텔라〉의 세계에서만 일어나는 일이 아닐 것이다. 짧은 숨고르기 속에 섬광처럼 지나가는 옛 기억, 남에게 설명할 수도 굳이 설명할 필요도 없는 내 마음에만 남은 그 세월 그리고 마치 태풍과도 같았던 그 세월의 의미와 묵직함. 하지만 그 세월은 이미 다 지나가 버렸다는 것, 그리고 지금 내 앞에는 살아가야 할 현실이 있다는 것에 대한 담담한 인정.

비슷한 느낌을 전에도 한 번 받은 적이 있었다. 한국 드라마 〈나의 아저씨〉의 마지막 장면을 보면서다. 이런저런 사정으로 나는 그 드라마를 보지 못했다. 당시 화제가 되었던 드라마였기 때문에 주변에서 여러 이야기를 주워듣기는 했지만, 내용을 잘 알지는 못하던 상태에서 딱 그 마지막 장면만을 우연히 본 것이었다. 그런데, 드라마를 전혀 보지 않았음에도, 그 마지막 장면만 봤을 때, 왠지 그동안 두 주인공 아이유와 이선균 사이에 무슨 일이 있었는지, 다 알 것 같았다.

드라마가 방영되는 몇 주간 나는 나의 삶을 살았고, 드라마의 주인공들은 그들 나름의 플롯을 살았다. 나는 이선균과 아이유가 연기한 배역의 주인공들에게 무슨 일이 있었는지, 어떤 사연이 그들의 마음을 흔들고, 눈물을 흘리게 만들고, 헤어지게 했는지 모른다. 그 과정에서 무엇이 그들 마음에서 움텄다가 사그라들었는지, 그 아픔 속에서 그들이 무엇을 배웠는지, 혹은 그들 마음의 무엇이 망가져 버렸는지 모른다.

아마도 많은 일이 있었을 것이다. 그 과정은 어쩌면 개인으로서 감당하기엔 너무 압도적인 것이어서 당사자로서도 정리할 수 없고, 이해되지 않는 것이었을지도 모른다. 하물며 당사자인 그 둘이 아닌 다른 누구에게 설명하기란, 정말로 불가능한 것일지도 모른다. 그리고 태풍과도 같았을 그 세월은 이제 다 지나간 일이 되었다.

드라마의 마지막 장면에서 주인공 둘은 서로를 바라보고, 어색하게 웃으며, 악수를 하고, 연락하라고, 밥 먹자고 말한 뒤 헤어진다. 그 웃음의, 악수의, 약속의 의미를, 드라마를 쭉 보아 온 시청자들이야 물론 알 테지만, 드라마 초반의 몇 에피소드만 들어서 알 뿐인 나도, 왠지 그 의미를 알 것 같았다. 삶은 다양하고 다기하되, 어떤 의미에선 비슷하기 때문에. 옛 시인의 말을 비틀어 빗대자면 '잡지의 표지처럼 통속적이기' 때문에.

영화 속의 셉과 미아에게, 드라마 속의 이선균과 아이유에게, 서로가 연루되었던 시절은 짧지만 강렬했던 과거의 한때였을 것이다. 사랑이든, 연민이든, 동지애든 어쨌거나 세월은 흘러갔고, 그 세월과 더불어 그들 사이의 기억은 조금씩 지워지고 있었을 것이다. 각자에게는, 그 태풍 같았던 세월을 때론 기억하고 때론 망각하며, 어쨌거나 꾸려나가야 할 '현실의 일상'이 있는 것이다.

태풍이 상륙하여 폭우가 몰아치고 있을 때를 생각해 본다. 그때는 오로지 그 순간만 보인다. 하지만 우리는 안다. 사실 우리의 삶은 대부분 '비 올 때'가 아닌 '비 온 뒤'의 시간임을. 비가 퍼붓는 길을 걸어가야 하는 시간만을 고통이라 느낄 수 있다. 하지만 우리 삶의 대부분을 차지하는 것은 비가 그친 다음 걸어야 하는 진창길에서의 시간이다. 전쟁이 무서운 건 총탄이 퍼붓는 전투의 시간보다도, 전투가 끝난 뒤 지루하게 이어지는 수습의 시간 때문인 것처럼.

호전되지 않는 만성 정신질환으로 인해 장기 입원 중인 환자의 삶은 그런 '비 온 뒤 걷기'를 떠올리게 한다. 예기치 않은 고통의 시간을 겪었고, 그 때문에 원하던 삶의 궤적이 틀어졌고, 그것은 때론 매우 절망적이다. 하지만 어쩔 수 없다. 우리는 그 비 온 뒤의 길을 걸을 수밖에 없다. 나의 일은 그 비 온 뒤의 길을 조심스레 걸어가는 이들을 돕는 것이다. 조금씩이라도, 얼마간이라도, 어제보단 나아지기를 기대하며. 생각해 보면, 그 비 온 뒤의 길이란 것은 내 환자들만 걷는 길이 아니다. 나도 그렇고, 우리 대부분 역시 그런 삶을 산다. 우리는 모두, 비 온 뒤를 걷는다.

302

- 권여선 지음,《푸르른 틈새》, 문학동네, 2007년 7월
- 에릭 홉스봄 지음, 장문석/박지향 옮김,《만들어진 전통》, 휴머니스트, 2004년 7월
- 김춘경 등 지음,《상담학 사전》, 학지사, 2016년 1월
- 이태준 지음,《소련기행 · 농토 · 먼지》, 깊은샘, 2001년 7월
- 필립 딕 지음, 이선주 옮김,《안드로이드는 전기양을 꿈꾸는가?》, 폴라북스, 2013년 9월
- 피천득 지음,《인연》, 민음사, 2018년 5월
- 김훈 지음,《칼의 노래》, 문학동네, 2012년 1월
- 강인욱 지음,《유라시아 역사 기행》, 민음사, 2015년 7월
- 김성보 등 지음,《사진과 그림으로 보는 북한 현대사》, 웅진지식하우스, 2014년 4월
- 보후밀 흐라발 지음, 김경옥 옮김,《영국 왕을 모셨지》, 문학동네, 2009년 2월
- 아마두 쿠루마 지음, 유정애 옮김,《열두 살 소령》, 미래인, 2008년 5월

우리는
비 온 뒤를
걷는다

1판 1쇄 인쇄 2020년 4월 10일
1판 1쇄 발행 2020년 4월 21일

지은이 이효근

발행인 양원석 **편집장** 박나미 **책임편집** 이정미
디자인 남미현, 김미선 **영업마케팅** 조아라, 신예은, 김보미

펴낸 곳 ㈜알에이치코리아
주소 서울시 금천구 가산디지털2로 53, 20층 (가산동, 한라시그마밸리)
편집문의 02-6443-8827 **도서문의** 02-6443-8800
홈페이지 http://rhk.co.kr
등록 2004년 1월 15일 제2-3726호

ISBN 978-89-255-6939-0 (03100)